Eurus

Notus

憲法の無意識

柄谷行人
Kojin Karatani

Boreas

Zephyrus

岩波新書
1600

目　次

目次

［戦後史年表］

ポツダム宣言（一九四五年八月）
天皇「人間宣言」（一九四六年一月）
帝国議会総選挙（一九四六年四月）
東京裁判（一九四六年五月開始、最終判決は一九四八年一一月）
新憲法（一九四六年六月帝国議会に帝国憲法改正案提出、同年一一月公布、翌年五月施行）
中国革命（一九四九年四月）
朝鮮戦争（一九五〇年六月—一九五三年七月）
サンフランシスコ講和会議・日米安保条約調印（一九五一年九月）
自衛隊発足（一九五四年七月）

I

憲法の意識から無意識へ

1　憲法と無意識

日本の戦後憲法九条には幾つもの謎があります。第一に、世界史的に異例のこのような条項が戦後日本の憲法にあるのはなぜか、ということです。第二に、それがあるにもかかわらず、実行されていないのはなぜか、ということです。たとえば、自衛隊があり米軍基地も多数存在しています。第三に、もし実行しないのであれば、普通は法を変えるはずですが、九条がまだ残されているのはなぜか、ということです。

まず第三の謎から考えてみましょう。そうすれば、第二、第一の謎も解けると思うからです。自衛隊や米軍基地などは、歴代政府による憲法九条の「解釈」によって肯定されています。また、集団的自衛権（実はこれは軍事同盟の別称です）も可能だという「解釈改憲」もなされています。しかし、憲法九条を変えるということは決してなされない。なぜそうしないのでしょうか。むろん、それを公然と提起すれば、政権は選挙で敗れてしまうからです。では、なぜそうなのか。

人々が憲法九条を支持するのは、戦争への深い反省があるからだという見方がありますが、私はそれを疑います。たとえ敗戦後にそのような気持があったとしても、それで憲法九条のようなものができるわけではない。実際、それができたのは、占領軍が命じたからです。また、憲法九条が人々の戦争経験にもとづいているのだとしたら、それをもたない人々が大多数になれば、消えてしまうでしょう。実際、そうなるのではないかと護憲論者は懸念しています。では、なぜ九条は今も残り、また、人々はそれを守ろうとするのでしょうか。護憲論者は、それは自分たちが戦争の経験を伝え、また憲法九条の重要さを訴えてきたからだ、というでしょうが、それは疑わしい。

ここで、問題を、その反対の側から、つまり、憲法九条を廃棄したいと考えている側から見てみましょう。彼らは六〇年にわたってこれを廃棄しようとしてきたが、できなかった。なぜなのでしょうか。彼らは、それは国民の多くが左翼知識人に洗脳されているからだ、と考える。しかし、これは端的に間違いです。左翼は元来、憲法九条に賛成ではなかったからです。たとえば、一九四六年六月二六日、新憲法を審議する帝国議会で、野坂参三(共産党議員)が、戦争には正しい戦争とそうでない戦争がある、侵略された国が祖国を守るための戦争は正しいのではないか、と述べました。これは左翼にとってはむしろ、ふつうの見方であって、のちの新左翼においても同じです。その中には武装闘争を行った「赤軍派」がいたぐらいです。彼らの多くはのちに護憲派に転じました。しかし、彼らが意見を変えたことを非難する資格は、保守派にはありません。たとえば、保守派の吉田茂首相は、野坂参三の質問に対して、「近年の戦争の多くは国家防衛権の名において行われたることは顕著なる事実であります。故に正当防衛権を認めることが戦争を誘発するゆえんであると思うのであります」と答弁したのです。

このようなことをいう保守派は今いないでしょう。彼らは憲法九条の「解釈」として、集団的自衛権を正当防衛として肯定している。要するに、保守派の方も意見を変えたのです。それでいながら、彼らは憲法九条を廃棄しようとはしない、というよりできないのです。もしそれが選挙で争点となるならば、大敗するでしょうから。したがって、ごまかしながらやっていくほかない。改憲を目指して六〇年あまり経ったのに、まだできないでいる。なぜなのか。それは彼ら自身にとっても謎のはずです。その謎を解明しようとせずに、左翼政党や進歩派知識人のせいにするのは、自らの無力・無理解を棚上げにすることです。

憲法九条が執拗に残ってきたのは、それを人々が意識的に守ってきたからではありません。もしそうであれば、とうに消えていたでしょう。人間の意志などは、気まぐれで脆弱なものだからです。九条はむしろ「無意識」の問題なのです。この無意識については後ほど詳述します。ここではいったん、無意識は、意識とは異なり、説得や宣伝によって操作することができないものであるといっておきます。現に保守派の六〇年以上にわたる努力は徒労に終わったのです。いくら彼らが、九条は非現実的な理想主義であると訴えたところで無駄です。九条は、「無意識」の次元に根ざす問題なのだから、説得不可能なのです。意識的な次元であれば、説得することもできますが。そして、このことを理解していないのは護憲派も同様です。憲法九条は彼らが啓蒙したから続いてきたわけではない。九条は護憲派によって守られているのではない。その逆に、護憲派こそ憲法九条によって守られているのです。

しかし、保守派のなかに、九条が無意識の次元にかかわるものであることに勘づいていた人がいました。文芸批評家の江藤淳です。彼は一九八一年に、憲法九条が存在した秘密を、米占領軍の巧妙な言論統制に見ようとしました。新憲法公布の際に、つぎのような勅語が発せられた。《朕は、日本国民の総意に基いて、新日本建設の礎が、定まるに至つたことを、深くよろこび、枢密顧問の諮詢及び帝国憲法第七十三条による帝国議会の議決を経た帝国憲法の改正を裁可し、ここにこれを公布せしめる》。しかし、江藤淳は、憲法が連合国軍総司令部(GHQ)によって起草されたこと、そして、その事実が民間検閲局(CCD)の「検閲」によって隠蔽されたことを指摘します。

しかもこの検閲の実態は、「検閲制度への言及」を厳禁した上で実施されるという、きわめて周到かつ隠微な検閲にほかならなかった。比喩的にいえばこの検閲制度によって、日本人は憲法に関して鏡張りの部屋に閉じ込められたようなものだともいえる。この鏡はこちら側から見ればまさしく鏡としてしか見えず、自分の顔以外なにも映さないが、あちら側、つまり占領軍当局と米国政府の側から見れば実は素通しのガラスで、部屋の中の様子は細大漏らさず、手に取るようによくわかるような仕掛けになっている。もとよりCCDは検閲を行い、それを通じて日本の国民心理の操作誘導を行うと同時に、日本の各界各層に関する情報の収集にも細心の努力を払っていたからである。(『一九四六年憲法――その拘束』文春文庫)

戦前の日本の出版では、検閲がなされても、そのことが読者にはわかるようになっていました。だから、著者も、検閲される前に最初から＊＊＊とか＊＊という伏せ字で書いたりした。たとえば、四字なら共産主義、二字なら革命というようなことが読む者にもわかっていたのです。江藤がいう「検閲のあとがみえない検閲」とは、そのような検閲ではないということです。しかし、検閲は概して、検閲のあとがみえないようになっています。だから、私は特に占領軍の検閲が周到かつ隠微なものだとは思いません。占領軍が検閲しているということは、ほとんど世間の常識でした。憲法が占領軍によって起草されたこともよく知られていました。したがって、占領軍の検閲によって、憲法九条がかくも深く浸透するほどに「日本の国民心理の操作誘導を行う」ことができた、とは到底思えません。

にもかかわらず、江藤淳が憲法九条を「検閲」の観点から見たことは、重要なヒントを与えます。実は、かつてこの論文を読んだとき、私は江藤淳が「隠微な検閲」というとき、フロイトを意識していたのかどうか、という疑問を抱きました。*

＊　私は一九八一年に「検閲と近代・日本・文学」(『差異としての場所』講談社学術文庫)で、江藤の論

文を批判し、検閲がフロイトにおいて重要な問題であったことを指摘した。

というのも、フロイトの初期の重要な仕事である『夢解釈』(『夢判断』)において、検閲がキーワードであったことは常識であったからです。だから、憲法九条に関して「検閲」を持ち出すことは、むしろそれが「無意識」にかかわることを暗に示すものとも思えたのです。

フロイトの考えでは、夢は願望(欲望)の実現であるが、それは検閲によって歪曲されたかたちをとってあらわれる。その結果、夢を見た当人も、それが無意識の願望であるとは思わない。まして、検閲があったなどとは〝夢〟にも思わない。たんに、何かわけのわからぬ夢を見た、と思うだけです。では、この場合、検閲官とは、何なのでしょうか。

前期のフロイトの考えでは、無意識には、欲望を満たそうとする「快感原則」と、それを満たすことがもたらす危険を避けるために抑制しようとする「現実原則」があります。そして、検閲は現実原則のあらわれである。現実原則とは、いわば社会の規範です。それが親を通して子供に刷り込まれる。そして、それが無意識において人を規制する、あるいは検閲する。

しかし、実は、そのような見方は前期フロイトのものです。「憲法の無意識」を理解するためには、それでは不十分なのです。戦後憲法の問題をみるためには、後期フロイトの認識が不可欠です。憲法九条を後期フロイトの認識から見ることは、たんなる理論的応用ではありません。それらは歴史的に結びついているからです。憲法九条が第二次大戦後の日本に生まれたように、後期フロイトの認識も第一次大戦後のオーストリアに生まれた、といってよいのです。それについて、少し説明します。

2　第一次大戦とフロイト

第一次大戦の前には、フロイトはオーストリアの戦争を支持していました。たとえば、彼は弟子のアブラハムにこう書き送った。《おそらくここ三十年間で初めて、私は自分をオーストリア人だと感じています。せめてもう一度だけ、あまり将来性があると思えないこの帝国にチャンスを与えてやりたいと思っています》(ピーター・ゲイ『フロイト1』みすず書房)。こう書いたあと、戦争が予期した以上に長引き、悲惨な事態をもたらしたため、フロイトは戦争に対する楽観的な見方を捨てました。が、それでも彼は、戦争が終われば、人々は自然に元に戻るだろうと考えていたのです。《この戦争は、しばしば、もっとも善良なわれわれの市民たちを幻惑して、論理的分別を喪失させたのだが、それは一種の二次的現象であり、感情的興奮の結果なのである。おそらくそれは、感情的興奮とともに消えるに違いない》(「戦争と死に関する時評」『フロイト全集14』岩波書店)。

フロイトの考えでは、戦争における野蛮さは、ふだんは抑圧されていた「感情生活」が、国家がその抑制を解き放ったために露出したものにすぎない。その結果、起こるのは次のようなことです。《戦争はわれわれから、文明が後からかぶせた層をはぎとり、われわれの中に原人間をふたたび出現させるのである。戦争はわれわれに、もう一度、自分の死を信じることができない英雄になることを強いる。戦争は、われわれに、疎遠な人に敵のレッテルを貼り、その死を招くべきであり、その死を願うべきであると思わせる》(同前)。フロイトの考えはこうです。人は通常、死から逃避している。そして、死に直面することを避けるためのさまざまな「文明的」工夫がある。しかし、時に、文明以前の在り方に立ち戻ってみる必要があるのではないか。

しかし戦争が廃止されることはないだろう。諸民族の生存条件がこれほどまでに多様であり、諸民族の間の反発がこれほどまでに激しいものである限り、戦争は存在せざるを得ないだろう。そこで次のような疑問が生ずる。われわれは、膝を屈して戦争に適応するような存在であってはならないのか。われわれは、認めるべきではないだろうか。死に対する文明的な考え方によって、われわれは、心理学的にはむしろ分不相応に生きてきたのだ、と。おそらくわれわれは、改心して、真実を告白すべきなのだ。(同前)

フロイトのこの見方は特に新しいものではありません。それまでの新カント派的な「知性」の哲学を否定する「生の哲学」と通底するものです。事実、第一次大戦後には、知性あるいは文化を敵視し、生、自然、存在の根源性を強調する思想が優勢になりました。ところが、前述の文章を書いたのちに、フロイトはこのような時代の趨勢とは逆の方向に転回した。つまり、文化=文明を肯定的に見るようになったのです。ちなみに、フロイトは、文化が高尚・精神的であるのに対し、文明は単に実利的であるとするようなドイツの慣習的な見方を斥けました。

重要なのは、フロイトの転回が、彼自身が戦争を経験したことによるのではない、ということです。彼を変えたのは、戦後に戦争神経症に苦しむ患者に出会ったことです。彼らにとって、戦争は次第に「消えさる」どころではなかった。毎夜戦争の悪夢を見て飛び起きていたのですから。といっても、フロイトがそれまで戦争後遺症に関して無知であったわけではありません。一九世紀にも戦争が精神病を誘発することは精神医学者の間で知られていたし、第一次大戦の場合も、英語でシェル・ショックと呼ばれるような症状が注目されていました。今日ならPTSDと呼ばれるような戦争後遺症が顕著になっていたのです。

しかし、フロイトにとって、戦争神経症はたんなる後遺症ではなかった。後述するように、この症状は、たんに受動的なものではなく、むしろショックを克服しようとする能動性を示すものだからです。フロイトは「反復強迫」という言葉でこのことを説明しています。フロイトは、このとき、それまでの枠組では説明できない事柄に気づいたのです。

それまで彼はつぎのように考えていました。人間の心は、快感原則と現実原則という二元性によって規定される。現実原則とは、いわば、親を通して刷り込まれる社会の規範です。無意識においては快感原則が支配的です。しかし、それが意識に出てくるとき、現実原則によって抑制され修正される。それが先ほど述べた「検閲」です。

このような前期フロイトの考えは、通俗的なフロイト主義にも残っています。たぶん江藤淳がフロイトについて学んだエリック・エリクソンは、そのような心理学者の一人です。彼らによれば、人間は幼年期は快感原則によって生きているが、徐々に、現実に応じて、それを克服することによって「成熟」する。むろん、それには大きな「喪失」が伴う。そのことを、江藤淳は『成熟と喪失』に書きました。それは文芸評論ですが、憲法論に置き換えると、日本人は憲法九条のような幼年期の願望(快感原則)を断念し、他国との苛酷な関係の中にある現実を受け入れるべきだ、ということになります。それが「成熟」である、と。

しかし、後期のフロイトはこのような二元論を放棄したのです。一九二〇年には次のように考えています。《反復強迫の仮定を正当化するものは十二分に残されているし、反復強迫はわれわれには、それによって脇に押しやられる快原理以上に、根源的で、基本的で、欲動的なものとして、現れてくる》(「快原理の彼岸」『フロイト全集17』岩波書店)。こうして彼は、快感原則および現実原則よりも根源的なものとして反復強迫を見いだした。この反復強迫をもたらすのは、人間のもつ「死の欲動」です。死の欲動とは、生物(有機体)が無機質に戻ろうとする欲動です。フロイトは、それが外に向けられたとき、攻撃欲動となると考えました。*

＊　フロイトの「死の欲動」という概念はフロイト派の中でも否定されてきた。それを肯定した少数派

のクラインも、それを破壊欲動として見ていた。攻撃性は、ローレンツの動物行動学などで確認されている現象である。しかし、そのような攻撃性はもっぱら外に向けられる。攻撃性が内に向かうとすれば、それがもともと死の欲動から派生したものである時のみである。なお、無機物への回帰としての「死の欲動」は、たんなる仮説ではない。小林敏明はそれを、今日の分子生物学が明らかにした「死の遺伝子」と結びつけている。たとえば、多細胞の生命体は、不必要な細胞が自ら死ぬことによって、個体として存続できるようにプログラムされている(『フロイト講義〈死の欲動〉を読む』せりか書房)。

このあと、フロイトは「自我とエス」(一九二三年)で、超自我という概念を提起しました。彼はそれまで無意識を「エス」と呼んでいましたが、そこに、超自我を加えたのです。超自我は、死の欲動が外に向けられて攻撃性としてあらわれたのち、何らかの契機を経て内に向かうことによって形成されたものだとフロイトはいいます。

超自我と類似する概念は初期からありました。たとえば、『夢判断』(一九〇〇年)における、夢の「検閲官」です。それは、親などを通して子供に内面化される社会的規範のようなものです。ゆえに、それは現実原則を強いるものです。後期フロイトが「自我とエス」という論文で提起した「超自我」は、前期の「検閲官」とは似て非なるものです。超自我は、自己の外から来る〝検閲官〟とは異なり、内的な起源をもっています。むろん超自我も〝検閲〟はするのですが、検閲官による検閲が他律的であるのに対して、超自我によるそれは、いわば自律的、自己規制的なのです。

このような考えの転回は、狭義の精神分析理論でよりもむしろ、彼の文化論においてより明快に示されています。後期フロイトの考えを典型的に示すのは、『文化の中の居心地悪さ』(一九三〇年)です。ここでフロイトは、超自我は個人だけでなく集団にもあるという。というよりむしろ、超自我は集団(共同体)のほうにより顕著にあらわれる、と書いています。そして、彼は、文化とは集団における超自我であると考えました。

それまで、彼にとって、文化は快感原則を制限する現実原則を意味するものでしかなかった。そして、彼はこう考えていました。そのような抑圧的な文化は必要であるが、時々それから解放される必要もある。だから、戦争もある程度やむをえない、と。しかし、フロイトは『文化の中の居心地悪さ』では、「文化」をむしろ積極的な役割を果たすものとして肯定したのです。それは、彼が文化=超自我という見方を抱くようになったことを意味します。

先述したように、超自我は、死の欲動が攻撃性として外に向けられたのち内に向かうことによって形成されるものです。現実原則あるいは社会的規範によっては、攻撃欲動を抑えることはできない。ゆえに、戦争が生じます。それなら、攻撃欲動はいかにして抑えられるでしょうか。フロイトがこのとき認識したのは、攻撃欲動(自然)を抑えることができるのは、他ならぬ攻撃欲動(自然)だ、ということです。つまり、攻撃欲動は、内に向けられて超自我=文化を形成することによって自らを抑えるのです。いいかえれば、自然によってのみ、自然を抑制することができる。この「自然の狡知」とも呼ぶべき考えは、すでにカントにあったものですが、それについては別に論じます。

3 天皇制と戦争放棄

フロイトは第一次大戦後に戦争神経症患者に遭遇して、人間の攻撃性が、自らの内に向かうことによって形成される超自我の存在に目を向けるようになった、と私は述べました。このことに照らして、私は日本の戦後憲法九条を、一種の「超自我」として見るべきだと考えます。つまり、「意識」ではなく「無意識」の問題として。さらにいえば、「文化」の問題として。それは、九条が意識的な反省によって成立するものではないことを意味します。

無意識というと、一般に、「意識されていない」という程度の大ざっぱな意味で理解されています。あるいは、潜在意識と同一視されます。たとえば、宣伝などで、潜在意識に働きかける、いわゆるサブリミナルな効果を狙うものがあります。しかし、フロイトは、そのようなものを「前意識」と呼んで、「無意識」から区別しました。前意識（潜在意識）に対しては、外から宣伝・教育などによって操作することが可能です。が、超自我は無意識に属するものなので、外から働きかけることができません。

たとえば、フロイトは、強迫神経症の患者は、外から見ると罪責感に苦しんでいるようにみえるけれども、当の本人はそれについては何も意識していない、ということを指摘しました。彼はそれを「無意識の罪悪感」と呼んだ。日本人が憲法九条にこだわるのは、それと同じです。日本人はドイツ人に比べて歴史的な反省が欠けているといわれることがあります。確かに「意識」のレベルではそういってもいいでしょう。しかし、憲法九条のようなものはドイツにはありません。憲法九条が示すのは、日本人の強い「無意識の罪悪感」です。それは一種の強迫神経症です。

そのような無意識は、個人の場合には、精神分析医との対話において見えてくるかもしれませんが、集団の場合そのようにはいきません。しかし、総選挙となると、それが出てくるのです。つまり、戦争に対する国民の「無意識の罪悪感」があらわになります。それがわかっているので、改憲を狙う政党・政治家はいざとなると、憲法九条を争点から引っ込める。そして、選挙の後でまた改憲を唱える。それをくりかえしています。このような集団的「無意識」は、総選挙を通す以外に察知しえないのか、といえば、そうではありません。それについては後で述べます。

何度もいいますが大事なのは、日本人に戦争に対する罪悪感があるとしても、それは意識的なものではない、ということです。もしそれが意識的な反省によるものであったなら、九条はとうの昔に放棄されたでしょう。意識を変えるのはたやすいことだからです。教育・宣伝その他で、人々の意識を変えることができる。それなのに、なぜか九条を変えることができない。そこで、改憲派は、教育・宣伝が不足しているからだと思ったり、護憲派の教育・宣伝が強いからだと考える。逆に、護憲派は改憲派の宣伝工作にいつも怯えている。そういう光景がずっと続いて来たのです。

確かに、憲法九条には、戦争を忌避する強い倫理的な意思があります。しかし、それは意識的あるいは自発的に出てきたものではありません。九条は明らかに占領軍の強制によるものです。だから、真に自主的な憲法を新たに作ろうという人たちが戦後にはずっといたし、今もいます。しかし、憲法九条が強制されたものだということと、日本人がそれを自主的に受け入れたこととは、矛盾しないのです。私の見るところ、フロイトが一九二四年に書いた次の一節は、その疑問に答えるものです。

人は通常、倫理的な要求が最初にあり、欲動の断念がその結果として生まれると考えがちである。しかしそれでは、倫理性の由来が不明なままである。実際にはその反対に進行するように思われる。最初の欲動の断念は、外部の力によって強制されたものであり、欲動の断念が初めて倫理性を生み出し、これが良心というかたちで表現され、欲動の断念をさらに求めるのである。（「マゾヒズムの経済論的問題」『フロイト全集18』岩波書店）

フロイトのこの見方は、憲法九条が外部の力、すなわち、占領軍の指令によって生まれたにもかかわらず、日本人の無意識に深く定着した過程を見事に説明するものです。先ず外部の力による戦争(攻撃性)の断念があり、それが良心(超自我)を生みだし、さらに、それが戦争の断念をいっそう求めることになったのです。

憲法九条は自発的な意志によってできたのではない。外部からの押しつけによるものです。しかしだからこそ、それはその後に、深く定着した。それは、もし人々の「意識」あるいは「自由意思」によるのであれば成立しなかったし、たとえ成立してもとうに廃棄されていたでしょう。フロイトのような見方をしないならば、こんなことが成立したのは、先に紹介した江藤淳のように、よほど巧妙な「国民心理の操作誘導」があったからだろう、というほかないのです。しかし、「無意識」は「心理の操作誘導」によって作られたり除去されたりするものではありません。

憲法九条は、日本人の集団的な超自我であり、「文化」です。子供は親の背中を見て育つといいますが、文化もそのようなものです。つまり、それは家庭や学校、メディアその他で直接に、正面から伝達されるようなものでなく、いつのまにか知らぬ間に(背中から)伝えられるのです。だから、それは世代の差を超えて伝わる。それは、意識的に伝えることができないのと同様に、意識的に取り除くこともできません。

以上のことを念頭において、憲法九条が成立した過程をふりかえってみます。憲法九条が占領軍によって強制されたことは確かです。しかし、占領軍もつねに一枚岩であったわけではありません。あとで述べますが、連合国軍総司令部（GHQ）と米国政府や連合国との間に、さらに、GHQの内部にも深刻な対立があったのです。それは戦後、それまで「連合国」であった米ソの対立が表面化したことによるものです。そして、この対立があらわれたのは、何よりも、天皇の戦争責任、そして天皇制をどうするかということにおいてです。

連合国軍が作成し日本が受諾した「ポツダム宣言」では、日本における軍国主義の根を永久に絶つこと、一切の戦争犯罪人を処罰することが明言されていますが、それは、自衛権放棄や天皇の戦争責任を明示するものではありません。しかし、日本の降伏後、それらの基本条項を具体化するにあたって、意見が分かれてきます。ポツダム宣言の時期には目立たなかった対立が、連合軍の中に生まれてきたからです。これはむろん、米ソの対立に由来するものです。そして、この対立はまた、アメリカにおける民主党と共和党の対立とも交錯します。ちなみに、ルーズベルト大統領は民主党員であるのに、連合国軍の総司令官ダグラス・マッカーサーは共和党員であり、また次期大統領を目指している人物でした。

したがって、占領軍の政策はこのような亀裂をはらむ両義的なものでした。一方で、占領軍の中核をなしていた、ルーズベルト派のニューディーラーたちの革新性が発揮された政策も多数見られました。農地改革、労働組合運動、左翼政党の援助などです。と同時に、他方で、天皇制の護持、また、朝鮮戦争に対応した再軍備の要求などがあった。いうまでもなく、この矛盾はGHQの内部における亀裂にもとづくものです。したがって、占領軍を一枚岩の主体として見ることは、戦後憲法に関する錯覚をもたらします。

マッカーサー元帥は、何よりも天皇制の護持を考えた。それは占領統治を成功させるためです。日本で天皇制が廃止されたらどうなるか。彼はこう回想しています。《ワシントンが英国の見解に傾きそうになった時には、私は、もしそんなことをすれば、少なくとも百万の将兵が必要になると警告した。天皇が戦争犯罪者として起訴され、おそらく絞首刑に処せられることにでもなれば、日本中に軍政をしかねばならなくなり、ゲリラ戦がはじまることは、まず間違いないと私はみていた》(『マッカーサー回想記』朝日新聞社、一九六四年)。ゆえに、マッカーサーは最初から、天皇制の護持を決めていました。彼は憲法九条を推進しましたが、それを直接の目的としたのではありません。彼にとって大切なのは、憲法一条、すなわち、天皇制を象徴天皇として存続させることでした。

しかし、連合国の中には天皇制の存続に否定的な国が多く、また、米国の世論でも天皇の戦争責任を問う者が多数でした。さらに、アメリカ単独の「極東諮問委員会」を解消し、アメリカ、イギリス、ソ連三国の外相会議で「極東委員会」を設置することが決められてしまった。これは日本占領の最高政策決定機関を、東京からワシントンに移すということです。その上、東京裁判の開廷が迫っていました。そのような状況で、マッカーサーは天皇制を維持するために、憲法改正草案の作成を急がせたのです。

一九四六年二月三日にマッカーサーは、新憲法に関する「三原則」をホイットニー民政局長に指示しました。このうち、第二の原則は、英語原文から見ると、憲法九条や憲法前文と類似しています。*

＊　マッカーサー・ノートの「第二原則」は以下のようなものである。

War as a sovereign right of the nation is abolished.(国家の主権としての戦争は廃止される)。Japan renounces it as an instrumentality for settling its disputes and even for preserving its own security.(日本

は、紛争解決の手段としての戦争のみならず、自国の安全を維持する手段としての戦争も放棄する)。It relies upon the higher ideals which are now stirring the world for its defense and its protection.(日本は、その防衛と保護を、今や世界を動かしつつある崇高な理想に信頼する)。No Japanese army, navy, or air force will ever be authorized and no rights of belligerency will ever be conferred upon any Japanese force.(日本が陸海空軍を保有することは、将来ともに許可されることがなく、日本軍に交戦権が与えられることもない)。

ゆえに、九条は占領軍の押しつけだといわれるのですが、必ずしもそうではありません。豊下楢彦は、それより一〇日ほど前の一月二四日に、マッカーサーが幣原《しではら》首相と会談したことについてこう述べています。

幣原が友人の枢密顧問官・大平駒槌《おおだいらこまつち》に語った会談内容に関するメモによれば、マッカーサーは米国の一部や関係諸国から天皇制の廃止や昭和天皇を戦犯にすべきとの声が高まっていることに危機感をもち、幣原に対して「幣原の理想である戦争放棄を世界に声明し、日本国民はもう戦争しないという決心を示して外国の信用を得、天皇をシンボルとすることを憲法に明記すれば、列強もとやかく言わず天皇制へふみ切れるだろう」と語ったという。

このメモがどこまで正確なものか否かは別として、『実録』は、幣原が翌二五日に昭和天皇に拝謁し、前日にマッカーサーと会見したこと、そこにおいて「天皇制維持の必要、及び戦争放棄等につき談話した旨の奏上を受けられる」と記している。つまり、新憲法の一条と九条となる根幹の問題が両者によって議論されて「意見が一致」し、しかもこの段階で、その「旨」が昭和天皇に「奏上」されていたのである。（豊下楢彦『昭和天皇の戦後日本』岩波書店）

ここで明らかなのは、マッカーサーの意図は天皇制の維持にあったこと、戦争放棄は、そのことに関して国際世論を説得するために必要な手段であったこと、しかも、戦争放棄はマッカーサーよりも、むしろ日本の幣原首相の「理想」であったことです。幣原は、第一次大戦後の外相であり、一九二一年のワシントン軍縮会議の代表でもあったから、戦争を違法化するパリ不戦条約（一九二八年）について熟知していました。マッカーサーはのちの『回想記』でも、九条は幣原の提案であったといっています。日本はドイツとともに国際連盟を脱退し、またパリ不戦条約を踏みにじった。その結果が第二次大戦であり、敗戦です。そのような過程に具体的にかかわっていた幣原のような人が、戦後に日本はどうすべきかと考えたとき憲法九条を考えたのは、ある意味で当然です。*

＊ マッカーサーは一九六四年に以下のように回想した。《賢い老首相、幣原が私のところに来て、人々の命を救うために国際的手段としての戦争を廃止すべきだ、と主張しました。私がそれに賛成すると、彼は私に向かってこう言いました。「世界は私たちを非現実的な夢想家だと笑い嘲ることでしょうが、しかし今から百年後には私たちは予言者と呼ばれることでしょう」と》。（前掲『マッカーサー回想記』）

マッカーサーがそのような理想に共鳴したことは事実でしょうが、その一方で、彼が朝鮮戦争の勃発とともに、意見を変更して、日本政府に日本軍の再結成と朝鮮出兵を要請したことも事実です。それは、彼にとって憲法九条が第一義的なものでなかったことを証すものです。ところが、吉田首相はそれを拒絶した。吉田は『回想十年』では、「一体、私は再軍備などを考えること自体が愚の骨頂であり、世界の情勢を知らざる痴人の夢であると言いたい」と言いきって、三つの理由を挙げています。

米国はその戦勝の余威を以て、且つまた世界に比類なき富を以て、あの巨大な軍備を築き上げたもので、他の国があれに匹敵し得る軍備を持つということになれば、それこそ大へんな負担であり、仮りにその負担に堪え得るとしても、あれだけの費用をかけてさえ、果して今日の米国の如き進歩した高度の武装を実現し得るや否やは疑問とされるそうである。況んや、敗戦日本が如何に頑張ってみても、到底望み得べきことではない。これが私が再軍備に反対する理由の第一である。第二に国民思想の実情からいって、再軍備の背景たるべき心理的基盤が全く失われている。第三に、理由なき戦争に駆り立てられた国民にとって、敗戦の傷跡が幾つも残っておって、その処理の未だ終らざるものが多い。(『回想十年』毎日ワンズ)

実際には、吉田首相はマッカーサーの要求に従って、警察予備隊を作りました。米軍が朝鮮半島に向かったあとの安全保障のためという名目です。しかし、吉田はあくまで憲法改正を斥けた。警察予備隊が保安隊、自衛隊に発展した時点でも、それらは「戦力ではない」と言い張って、憲法改正の必要を否定したのです。これはある意味で、九条の「解釈改憲」の始まりです。以来、九条の文面を変えないままに、それに相反するような軍備拡大がなされ続けてきたわけです。

4　無意識と世論調査

くりかえしますが、憲法九条が作られたのは、日本人の深い反省によってではありません。それが簡単に成立したのは、むしろ重要なものではないと見えたからです。マッカーサーにとっては、憲法一条こそが重要で、九条は副次的なものでしかなかった。だから、朝鮮戦争の勃発とともに、その改定をせまったのです。ところが、その時点では、九条が日本人にとって深い意味をもつようになっていたのです。それは、九条が「無意識の罪悪感」とつながるようになったことを意味します。おそらく、吉田首相がマッカーサーの要請を断った時点では、それが明白になっていたはずです。その根拠を述べます。

「無意識」にアクセスすることは容易ではありません。精神分析医は患者との対話を通してそれに近づく。精神分析の方法にもとづく対話は、通常の対話とは違います。たとえばフロイトは、無意識は、患者が何かについて「そんなことはない」と強く否定したときに開示される、といっています。この場合、患者が否定したことこそ、それが無意識の欲望であることを示すと診断される。では、集団的な無意識の場合はどうでしょうか。それは知りえないものなのでしょうか。

私はそれを知る方法があると思います。「世論調査」がそれです。実は、これも戦後アメリカの占領政策の一環として導入されたものです。彼らが世論調査で最も知りたがったのは、おそらく日本人が占領政策をどう考えているかということでしょう。岩本裕はこういっています。

マッカーサー率いるGHQは、日本の非軍事化と民主化を強力に推し進めました。実際には、GHQの命令を日本政府が実行する「間接統治」という方法がとられましたが、婦人の参政権を認め、労働組合を解禁し、言論の自由を弾圧する稀代の悪法・治安維持法を廃止しました。そして、軍国主義教育を廃し、アメリカ流の民主主義教育を徹底したのです。

こうした施策を実行していくうえでGHQが重視したのは、新聞や出版、放送などのマスメディアでした。国民に政策の意義を浸透させることが、占領政策の成否の鍵を握っているると判断したのです。浸透の度合いは日本国民の「世論」に反映されます。それを測定するために、世論調査はどうしても必要な方法だったのです。

しかし、日本政府が世論調査を行うことについてGHQは慎重でした。調査結果を国民の思想の監視や世論の操作のために使うかもしれないと警戒していたからだといいます。

これに対して、マスコミや民間の調査機関の行う世論調査にはとくに制約がないだけでなく、育成に取り組んでいました。その先頭に立ったのが、GHQの中に設けられた民間情報教育局(CIE=Civil Information and Education Section)でした。(『世論調査とは何だろうか』岩波新書)

導入されたのは、無作為抽出(ランダム・サンプリング)による世論調査で、統計学的理論に裏づけられたものです。世論調査は元来アメリカで大統領選挙の予測のために発展してきたものでしたが、当時まだアメリカでも実行されていなかった新方法を、日本の新聞社や放送局で実行するように促したのです。最初の科学的な世論調査は、一九四八年、吉田内閣のとき、朝日新聞社が行ったものです。

このような世論調査に政府は直接関与しなかったでしょう。しかし、一九五〇年の時点で、保守派の吉田首相が「再軍備などを考えること自体が愚の骨頂」であると断定したのは、当時の「世論」を知っていたからだと思います。その際彼があげた三つの理由の中で、「国民思想の実情」「敗戦の傷跡」のような「心理的基盤」は、世論調査で明らかになるものです。

その意味で、このような世論調査は憲法九条と類似する点があります。第一に、どちらも、占領軍がアメリカでもやっていないことを日本で実行しようとしたことです。第二に、いずれも日本統治のためにそれらを持ちこんだにもかかわらず、占領軍にとって裏目に出たということです。たとえば、朝鮮戦争が始まったとき、マッカーサーは憲法九条を作ったことを後悔したでしょう。そこで、彼は吉田茂首相に、再軍備、したがって、憲法の改正を要請したが、すげなく断られた。もし憲法九条を否定したら、吉田内閣だけでなく、彼の政党も壊滅したでしょう。革命騒動になったかもしれません。彼はそれを世論調査から知っていたのです。

とはいえ吉田首相は、九条がそれほど根の深いものであると考えてはいなかったと思います。彼は憲法改正をあきらめたわけではなかった。将来日本が独立し経済的に復興を遂げたら、このような世論は変わるはずだと考えていたのでしょう。爾来《じらい》、保守派の政権はそう考えてきた。驚くべきことに、何と六〇年間にもわたってそう考えてきたのです。しかも、なぜ世論が変わらないのかを問うこともなく。

要するに、私がいいたいのは、憲法九条が無意識の超自我であるということは、心理的な憶測ではなく、統計学的に裏づけられるということです。最後に、世論と選挙の関係について一言述べておきます。結論からいうと、総選挙は、「集団的無意識」としての「世論」を表すものにはなりえません。なぜなら、争点が曖昧な上、投票率も概して低く、投票者の地域や年齢などの割合にも偏りがあるためです。ただ、総選挙を通して、憲法九条を改正しようとする場合、最後に国民投票を行う必要があります。国民投票も、何らかの操作・策動が可能だから、世論を十分に反映するものとはいえません。しかし、争点がはっきりしている上、投票率も高いので、「無意識」が前面に出てきます。

選挙で勝っても、国民投票で敗北すれば、政権は致命的なダメージを受けることになります。「解釈改憲」すら維持できなくなってしまう可能性もある。むろん、選挙でも、九条改正を唯一の争点としたなら、大敗するでしょう。だから、政府・自民党は、ふだんは公然と九条の改正を唱えているにもかかわらず、選挙となると、決して九条改正を争点にはしないのです。

なお、世論を知るという点では、先に述べたランダム・サンプリングによる世論調査の方がより的確だと、私は思います。しかし、現在なされているような電話による調査では不十分です。そもそも携帯電話しかもたない若者が多いからです。内閣・政党支持率のようなものならともかく、憲法九条に関する調査の場合、調査員が面接するやり方が必要です。さらに、質問の仕方に留意しなければなりません。たとえば、「憲法改正をどう思うか」という問いでは漠然としすぎているのでだめです。「憲法九条を廃棄するか」と特定して問うべきです。ともかく質問を適切にすることが肝要です。何しろ、問うている相手は、人々の「意識」ではなく、「無意識」なのですから。

II 憲法の先行形態

1　憲法一条と九条

私は先に、戦後憲法の九条は、本来、一条を作るために必要なものであり、二次的なものであったと述べました。しかし、その後、九条ばかりが問題とされるようになり、そして、それがいかなる経緯で作られたかが盛んに論じられてきました。その際に見落とされるのは、当初は一条のほうが重要だったという事実です。興味深いのは、一条と九条の地位が逆転したということです。

その理由は、一条(象徴天皇制)が定着したことにあります。昭和天皇の時代には、それはまだ定着したとはいえなかった。昭和天皇が存命であるかぎり、戦争責任という問題が残ったからです。戦前に、天皇が立憲君主の制約を超えて政治にかかわったことは、はっきりしていますし、そもそも終戦の決断を天皇がしたことは確かです。さらに戦後の占領下でも、彼は占領軍のいいなりになったわけではありませんでした。むしろ、能動的にふるまった。彼の関心は何よりも、皇室の維持にありました。そのため、〝忠臣〟であった東条英機元首相を非難し責任を転嫁することをも辞さなかった。つぎに昭和天皇にとって重要だったのは、日本の安全保障でした。そのため、米軍による防衛をマッカーサーに求めたのです。これらについて、豊下楢彦はつぎのように書いています。

それにしても、わずか一年九カ月前まではアジア・太平洋諸国を「危険にさらしていた」国の「象徴」が、その償いも何ら果たしていない段階で、しかも戦争放棄の第九条がなぜ求められることになったのかという歴史的な経緯もほとんど認識されていないかのように、ひたすら自らの国が「危険にさらされる」ことのみを考え、アジアや世界に眼を向けることもなく、もっぱら占領者のアメリカに「安全保障」を求めるという発想方法には、ただ驚かされるばかりである。否、むしろ天皇のこのような発想こそが、戦後日本の歩みをそれこそ〝象徴〟しているのかもしれないのである。（『昭和天皇・マッカーサー会見』岩波現代文庫）

新憲法発布以後も、昭和天皇は「象徴天皇」にとどまるどころか、さまざまな政治的介入をしています。天皇は一九四七年九月、米側に〝メッセージ〟を送り「二五年から五〇年、あるいはそれ以上」沖縄を米国に貸し出すという方針を示した（『実録』）。これによって、沖縄では、講和条約後も、さらに日本への復帰後も現在にいたるまで、在日米軍専用施設の七四％が集中するという「軍事植民地」状態が続いています。また、一九八八年昭和天皇の病が報じられたときには、アジア諸国からあらためて戦争責任を問う声が上がりました。

したがって、憲法一条が真に定着したといえるのは、一九八九年に昭和天皇が逝去した後です。明仁天皇は即位式で、「常に国民の幸福を願いつつ、日本国憲法を遵守し、日本国及び日本国民統合の象徴としてのつとめを果たすことを誓い、……」と述べました。この発言は宮内庁の用意した原文に自ら加筆したものだといわれます。しかし、この場合、遵守すべき「日本国憲法」とは何を指すのでしょうか。むろん、それは一条を指すだけではありません。一条（並びに三条、四条一項）は、天皇の政治的活動の制限を規定するものですから、それだけを遵守するというのはおかしい。明仁天皇が「「象徴」としてのつとめ」と呼ぶものは、人民主権を明記した現行憲法全体を遵守することであり、当然、その中には九条が入ります。実際、明仁天皇はむしろ一条による制限の下で、九条や人民主権を守っていくという「つとめを果たそう」としているように見えます。

ところで、一九八九年は、日本の天皇が逝去しただけでなく、奇しくもソ連圏の崩壊が始まった年です。つまり、この年に起こったのは、昭和の終りだけでなく、戦後の「米ソ冷戦体制」の終りでもあった。事実、その後に湾岸戦争が起きたのです。発端は、イラクが隣国のクウェートを侵略したことにあります。このような地域紛争は、それまでなら、米ソの共同管理下で抑えられていたのですが、それがもはやできなくなった。アメリカが圧倒的な優位に立ったからです。しかし、アメリカはイラクを制裁するにあたって、国連の同意を得ました。これは旧「連合軍」以来の出来事です。

このとき、日本は中東への派兵を迫られた。憲法九条が内外でリアルな問題となったのは、この時点が初めてです。日本の政府は、国連の下での平和維持活動のためという口実で自衛隊を現地に送った。ただ、まさに「平和維持活動」しかしなかったため、逆に、国際政治では評価されなかった、ということが、日本の政治家・官僚にとってトラウマとなったようです。次回は何としても軍を送る、というのが彼らの課題となり、それは二〇〇三年イラク戦争開戦時の小泉首相の態度にも如実にあらわれています。

アメリカが開戦を宣言すると、小泉首相は真っ先に自衛隊派遣を唱えました。しかし、イラク戦争の場合、ヨーロッパ諸国や国連は開戦に反対しました。したがって、日本の自衛隊派遣には湾岸戦争のときにあったような正当性がなかったのです。それはアメリカに追随するものにすぎなかった。この時も、派遣された自衛隊は平和維持活動しかしていなかったのですが、今回は、現地の人たちのほうがそうは考えなかった。ゆえに、現地で、彼らは敵意に囲まれたのです。長く秘されていたことですが、帰国後に五四名の自衛隊員が自殺したのは、そのためでしょう。戦闘に加わらなくても、周囲からの敵意の中にいる重圧があったことが原因だと思います。そもそも自衛隊員は災害などに対する〝自衛〟のために入隊したので、外地の戦場に立つことを予期していない。この状況はその後も同じです。真に軍隊を派遣するつもりなら、憲法九条を廃するほかありません。「解釈改憲」では、それは無理です。実際、政治家・官僚たちは改憲を画策しています。ただ、それができないだけです。

以上のことから明らかなのは、一九八九年に、戦後の新憲法の一条が定着したとともに、九条もリアルな意味をもつようになったということです。現天皇は九条を守ろうとしています。

もちろん、一条があるため、政治的な関与を慎重に避けていますが、彼の言動はつねに「九条」を志向するものです。これは奇妙な逆転のように見えます。もともとマッカーサーは天皇制を守るために九条を作ったのに、今や天皇・皇后は、九条の庇護者となっている。そればかりか、戦後憲法の庇護者となっている。*

＊　斉藤利彦によれば、美智子皇后は明治自由民権運動の時期に作られた「五日市憲法草案」を称賛して、つぎのように述べた。《これに類する民間の憲法草案が、日本各地の少なくとも四十数カ所で作られたと聞きましたが、近代日本の黎明期に生きた人々の、政治参加への強い意欲や、自国の未来にかけた熱い願いに触れ、深い感銘を覚えたことでした》。(『明仁天皇と平和主義』朝日新書)

こう見ると、敗戦後とは事態が逆になっています。しかし、憲法一条と九条が密接につながっていることに変わりはありません。現天皇は日本の侵略戦争を悔い、今後けっして戦争をしないことをことあるごとに表明し続けています。彼は、昭和天皇の「戦争責任」を自ら引き受けることによって、皇室を護ろうとしているといえます。そして、それが昭和天皇を弁護することにもなる。つまり、九条を守ることが、一条を守ることになるのです。

憲法一条と九条がこのように結びついているのは、なぜなのでしょうか。その原因はすでに述べたように、連合国軍総司令官マッカーサーが、日本を占領統治するために、先ず天皇制の維持をはかり、それに対する連合軍諸国の反対を説得するために九条をもってきたことにあります。とはいえ、これはマッカーサーが独自に考え出したことというわけでもありません。おそらく誰かアドバイザーがいたのだと思います。

マッカーサーはそれまで猛威をふるってきた天皇制ファシズムを根絶しようとしたのですが、天皇制そのものは残そうとした。なぜなら、米国の占領に対抗する者は、それを天皇の名の下に行うにきまっているからです。そして、このような判断は、日本で政治的実権をもった者が歴史的にくりかえしてきたことです。この点で連合国軍総司令官のマッカーサーは、いわば、征夷大将軍となった徳川家康のようなものです。彼が日本を統治するためには、天皇制が必要だったのです。

天皇制は最初、祭祀あるいは呪術的な力にもとづいた政治的権力でしたが、政治的権力を失ったあとも、「権威」でありつづけた。日本で政治的権力を握った者は、藤原氏以来、必ず天皇を仰ぎその権威にもとづいて統治しようとしました。むろん、天皇を斥けることはできたでしょうが、そうすれば、他のライバルが天皇を担ぐだろう。ゆえに、権力の正統性を得るためには、先ず天皇を担ぐ必要があったのです。

戦国の世を統一した徳川幕府もその体制を固めるために、「尊王」を唱えました。逆に、それが幕末には倒幕運動の根拠に転化してしまったのですが。明治維新も天皇を担ぐことによってのみ可能でした。王政復古、天皇親政を掲げることで徳川幕府を倒したのです。したがって、明治国家で天皇が至上の地位に置かれたのは当然です。しかし、天皇親政は外形にすぎません。明治国家は、事実上藩閥（薩摩と長州）が権力を握り、産業資本主義化を志向する体制です。そして、伊藤博文が設計した明治憲法は、「立憲君主制」と議院内閣制に基づいており、天皇の権限を制限するものです。美濃部達吉の「天皇機関説」や吉野作造の「民本主義」も、そのような意図にもとづいています。しかし、この憲法を人々が受け入れるようにするためには、欽定憲法（天皇が定めた憲法）の体制をとらなければならなかった。つまり、明治憲法は、天皇の権限を制限するものなのですが、天皇の権威を借りなければ成り立たなかったということです。このような背理が、明治憲法につきまといます。たとえば、一九三五年以降、天皇機関説が否定され、軍部独裁政治が天皇の名の下でなされるようになったときでさえ、憲法は停止されていません。軍部独裁は、明治憲法のもとでも可能だったからです。

第二次大戦後、占領軍は天皇制ファシズムの基盤となったものを徹底的に除去しようとしました。陸海軍の否定、農地改革、財閥解体など。その一方で、マッカーサーは天皇制を遺そうとした。くりかえすと、そのとき、彼はかつての日本の権力者がとってきた智恵を受け継いだわけです。実際、日本史をふりかえるなら、戦後憲法における天皇のあり方は、むしろ近代以前には天皇制の常態であった、ということがわかります。

たとえば、徳川時代には天皇の存在は知られていなかった。西洋列強は幕末に江戸の将軍(タイクーン)と外交交渉を始めたとき、最初、京都に天皇(ミカド)がいることを知らなかったくらいです。そもそも、大半の日本人も知らなかったのです。将軍ではなくて、天皇がこの国の主権者だというような考えは、黒船の到来と尊皇攘夷運動とともに広がったにすぎません。その意味で、天皇は明治維新まで「象徴天皇」のようなものであった。したがって、憲法一条の規定は、にわかに作られたものだとはいえません。占領軍によって作為されたように見えても、そこに明治時代、さらにそれ以前の形態が残っているのです。

明治憲法は、戦後憲法と違って、自主的に作られ、外から強制されていないといわれますが、それも事実ではありません。明治憲法を作ったのは、外に対して、日本が近代国家であることを示すためでした。それによって、幕末に締結された不平等条約を廃棄するためです。その意味では、明治憲法も外部への強い緊張に強いられて作られたのです。

さらにいうと、明治憲法を作ったのは、憲法に書かれていない存在、つまりのちの元老たちです。おまけに、彼らは一枚岩ではない。たとえば、伊藤博文と山県有朋の対立があります。むろん、それは条文そのものからは見えないものです。が、それは条文における矛盾、あるいは曖昧さとしてあらわれているのです。天皇に関しても、どうにでも読めるようになっています。だから、憲法の「解釈」として、天皇主権説も天皇機関説も成り立つわけです。

2　建築の先行形態

このような問題を考えるために、私は少し変わった観点をとりたいと思います。それは、中谷礼仁(早稲田大学教授)が建築史に関して提起した「先行形態」という概念に示唆されたものです。中谷は大阪でそのことを考えた。大阪は奈良よりも古く、古墳や難波宮が存在したところなのですが、それらは長く埋もれたままでした。その発掘が八〇年代に開始された。中谷が注目したのは、古墳の存在を知らずに建設された現在の道路が見事に古墳群を迂回していたことです。

計画道路は見事にその古墳を避けて通っていた。つまり過去の事物は、規模の大小にかかわらずこのようにして、ことさら意識もされないうちに、現在に強大な影響を与えている。過去に作られたものとはいえ、そこにある限り、それは現在的なものとして扱わざるを得ないのではないか、と考えたのである。過去は「あった」のではなくて「いる」。むしろ現在は過去からの投影によって成り立っている。かつてあって今は存在しないと思われるものが、実は現在のあり方を規定しており、その意味で今も存在している。(「先行形態論」『セヴェラルネス』鹿島出版会)

中谷はこのように、現代の都市が古代の条里制に基づき、また前方後円墳などの跡を避けて成立していることを見いだした。つまり、人々はなぜか過去のことを知らずにそうしているのです。中谷がいう「先行形態」とは、今は見えないし、存在しないものです。にもかかわらず、それによって現在の形態が規定されている以上、現に存在する、といわねばならない。

条里制の輪郭が残ったのは、それが重視されたからではありません。「まったくその逆に、人々からほとんど意識されることがなかったがゆえに残存しえた」のである。《先行形態は、現在の都市に影響を与え、実際に都市の変容を無意識のうちに支えるのである。というのも、もし先行形態が意識的にしか受け継がれないのであるとするならば、……とっくに過去における都市・都市建築的痕跡は消え去っているのであろうからである。しかし、先行形態は、ほとんどその形態を宿命的に現在にまで温存させる》(同前)。

建築に関して「先行形態」を問うたのは、中谷が初めてでしょう。が、このような問題は、他の領域では問われてきたといえます。たとえば、先に述べたフロイトの精神分析の場合、幼年期に遡行することが根幹となっていますが、幼年期とはまさに「先行形態」です。忘却されたもの、抑圧されたものは必ず何らかのかたちで回帰するというのが、フロイトの確信であり、かつ精神分析の核心にある原理です。中谷が「先行形態は、ほとんどその形態を宿命的に現在にまで温存させる」というのは、まさにそのことです。

このように「先行形態」の問題はさまざまなところで見いだせるのですが、私が近年特に建築史における先行形態論に興味をもったのは、それが憲法の問題にもあてはまるのではないか、と思ったからです。私はかつて『隠喩としての建築』という本で、言語・数・貨幣を建築の隠喩として考察したことがあるのですが、それに比べると、憲法を建築に擬《なぞら》えることは「隠喩」というよりむしろ「直喩」です。

憲法は英語でいえばconstitutionですが、これは構成、構造をも意味する言葉です。それは成文法に限定されるものではありません。たとえば、マグナ・カルタ(一二一五年)以来、王権を制限する立憲主義の本家のようなイギリスには、成文憲法がありません。だから、憲法は国家システムの組み立てを意味すると考えたほうがよい。実際、明治初期には、constitutionあるいはドイツ語のVerfassungは国体・国制などと訳されていました。したがって、憲法にかんして建築史の「先行形態」の論を適用することは、特に「隠喩としての建築」というほどのことでもないわけです。

くりかえすと、「先行形態」とは、主要な原因となっているにもかかわらず、その後に忘却されてしまうようなものです。かつて存在していたが、その後に無くなった、にもかかわらず、今も人を動かしているもの。私はそれを日本の憲法に関して考えたいのです。たとえば、「もし先行形態が意識的にしか受け継がれないのであるとするならば、とっくに過去における都市・都市建築的痕跡は消え去っているのであろう」と中谷はいいますが、私は憲法九条にもそれが妥当すると思います。憲法九条が、「意識的にしか受け継がれないのであるとすれば、とっくに消え去っているのであろう」ということです。

ここで、戦後憲法の「先行形態」について考えてみます。それは幾重にも錯綜しています。先ず、最も目立つ例からいいましょう。それは旧憲法です。事実、新憲法は戦後、旧憲法の下でなされた総選挙のあとに開かれた帝国議会で、旧憲法の改正手続にしたがい成立しました。また、新憲法一条の天皇の規定は、旧憲法の一条の上にあることは明らかです。こうみると、旧憲法が戦後憲法の先行形態としてあるように見えます。

しかし、これはたんなる見せかけです。このような手続きがとられたのは、極東委員会やアメリカ国務省が、マッカーサーに対して、日本国民の意思を無視して憲法改正を押し通すことがないように要請したからです。そこでマッカーサーは、日本政府が自らの手で案をまとめたかのような体裁をつくろおうとしたのです。そのために、旧帝国憲法を受け継ぐかたちをとったにすぎない。

したがって、戦後憲法の「先行形態」を考えるとき、明治憲法だけを見ると、誤解に導かれます。むしろ、明治憲法の「先行形態」こそを考えるべきなのです。それは、明治維新以前にあった constitution です。むろん、それは成文法ではなく、国家の体制・機構、つまり徳川の体制です。

それについて述べる前に、戦後憲法がいかにして、帝国議会すなわち明治憲法の下で成立しえたのかを見ておきます。天皇主権の憲法から人民主権の憲法への改正は、たんに憲法の条文解釈の変更ではすみません。それがどうして法的に正当化されたのでしょうか。それを見るために、憲法条文の解釈の経緯をふりかえってみます。

旧憲法第一条は「大日本帝国ハ万世一系ノ天皇之ヲ統治ス」です。この条文の解釈としてははじめ、穂積八束《ほづみやつか》、その弟子上杉慎吉らが唱えた天皇主権説が有力でした。が、その後に、美濃部達吉の「天皇機関説」が台頭し、大正時代には支配的な見方となりました。天皇主権説は、事実上、藩閥政府による専制的な支配体制を裏づけるものでした。一方、天皇機関説は、議院内閣、政党内閣を裏づけるものとして、〝大正デモクラシー〟を支える理論でした。この時期、摂政となった昭和天皇もそれを当然のものとみなしていたし、それ以後も同様です。

天皇機関説に関して注意すべきことは、それが君主主権論ではないが、人民主権説でもない、ということです。それはドイツの法学者、ゲオルク・イェリネックの学説にもとづく理論です。そこでは、統治権は君主ではなく、法人である国家に属します。天皇はそのような国家の最高「機関」です。同時に、内閣や議会、総体としての国民も「機関」です。天皇は最高機関であるが、議会を無視できないし、議会も国民を無視できない。このような理論によって、明治憲法の下でも、議会制民主主義が可能であるというのが、美濃部の唱えた天皇機関説です。

ついでにいうと、大正時代に吉野作造は「民主主義」(デモクラシー)という言葉を避けて「民本主義」を唱えましたが、これも、主権が君主にあるか人民にあるかを不問に付すものでした。民本主義は、統治者が人民の福祉・意向を重んずべきだということであって、たとえば、孟子の政治思想がそう呼ばれています。その意味で、民本主義は天皇機関説にもとづくものだということができます。

しかし、一九三〇年代になって、軍部を中心にいわゆる〝ファシズム〟が拡大したとき、状況が変わりました。美濃部達吉は一九三五年に天皇機関説に関して不敬罪で取り調べを受けて貴族院議員を辞任しました。興味深いのは、むしろ次の事実です。彼は戦後、枢密顧問官として新憲法草案の審議に加わりましたが、国民主権にもとづく新憲法を作ることに反対したのです。彼は次のように主張しました。第一に、明治憲法のもとでも議会制民主主義は可能である。第二に、明治憲法にもとづく以上、「国体」を変えるような新憲法はありえない。彼は審議で反対し、また、採決においても欠席棄権しました。

一方、東京大学法学部憲法講座で美濃部の後継者であった宮沢俊義は、憲法改正の正当性を主張しました。美濃部がイェリネックの学説に依拠したのに対して、宮沢はハンス・ケルゼンに依拠した、いいかえれば、国民主権説に立つ法学者でした。明治憲法の下で国民主権の新憲法を作ることはできないという美濃部の論に対して、宮沢は同意しました。しかし、同時に別の見方を提起した。それは「八月革命」があった、というものです。それはこういうことです。日本が一九四五年八月にポツダム宣言を受諾したとき、主権の所在が天皇から国民に変更された。これは法的な意味で「革命」である。そして、この変更は連合軍諸国によって承認された。この時点で、旧憲法は国民主権と矛盾する限りで効力を失った、というわけです。ゆえに新憲法を制定した帝国議会は、すでに国民主権にもとづくものであり、そこで承認された新憲法は正当である、ということになります。

このような過程をふりかえると、法学者の議論は、実際になされたことの辻褄合わせでしかないように見えてきます。事実また、その通りなのです。それにしても、憲法の条文に関して、極端に異なる解釈が成立するのはなぜでしょうか。それは条文がもともと両義的（曖昧）だからです。では、なぜ起草者らはそのようなものを作ったのか。なぜ誤解の余地がないようにしなかったのか。それらが書かれる過程で、さまざまな対立が生じ、それを文面上で解決しようとしたからです。ところが、時間が経ち、現実の情勢が変わると、条文が別の意味をもつように見えてくるのです。

3　元老支配から天皇機関説へ

私は先に、戦後憲法を強制したＧＨＱが、一枚岩の組織ではなかったことを述べました。ＧＨＱと米国政府や連合国との間に、さらに、ＧＨＱの内部にも深刻な対立があったのです。それは戦後、それまで「連合国」であった米ソの対立が表面化したことによるものです。そして、この対立があらわれたのは、何よりも、天皇の戦争責任、そして天皇制をどうするかということとにおいてです。こうした背景は、いったん憲法が発布されると、忘れられていきます。いわば条文がすべてとなるからです。

これは文学作品とその作者の関係に似ています。作者の意図がどうであれ、テクストはそれ自身、意味をもつ。作者は生きているかぎり批評家の読解に抗議することもできますが、死んでしまったら、何もいえません。憲法は文学とは異なると思われていますが、この意味では同様です。憲法は、それを作った者の意図から独立するのです。特に、明治憲法の場合、条文そのものが両義的です。もちろん、当初はそれに関する解釈の仕方が決まっていたのですが、その後、時に応じて変わってしまうようになった。

先に述べたように、明治憲法が曖昧なのは、制作者が一人ではなかったこと、その間に対立と駆け引きがあったことから来ています。明治憲法を作った主役は伊藤博文です。彼は長州出身で明治の藩閥勢力の一人です。普通、藩閥勢力にとっては、山県有朋がその典型ですが、君主主権が望ましい。元老的存在による支配が可能になるからです。そして、実際そうなりました。

しかし、反対に、伊藤は議院内閣・政党政治を実現することを考えていました。それは藩閥勢力に対立してのことではなく、むしろ、藩閥勢力をそれに対抗する自由民権運動から守ろうとしてのことでしょう。そもそも憲法発布・議会開設は、自由民権運動の要求によるものです。民権派の支持を得なければ、結局、自分たちの政権が危うくなってしまうのです。

もう一つ、伊藤が警戒していたのは、天皇親政あるいは「宮中」の勢力が強まったことです。これは明治維新の際の「王政復古」宣言に起因しますが、実際に、さまざまな対立の決着を天皇に仰ぐことも増えてきていました。それに対して、伊藤は天皇が政治的に活性化する機会がないような制度を作ろうとしたのです。

坂本一登はつぎのように述べています。《伊藤の構想は、君主権力を制限して、天皇を「立憲君主」としようとするものであった。換言すれば、天皇と議会政治とを可能なかぎり分離し、総理大臣すなわち内閣を中心とした政治システムを構築することによって、「政治」の自立的な空間を作り出そうとするものであった》(『伊藤博文と明治国家形成』講談社学術文庫)。そして、明治天皇自身もそれに賛同したのです。

伊藤博文の考えは、当然ながら、西洋から得たものです。特に、一八八二年に渡欧したとき、ウィーンで会った法学者シュタインの影響が大きかった。通常、明治国家はプロシアをモデルにしたと考えられています。確かにその通りで、憲法に関しても井上毅のようにドイツ憲法にもとづく論が優位にあったのですが、伊藤は、ドイツの学者シュタインの、君主権を制限する立憲主義に賛同した。シュタインは、君主は国家によって制約される一つの「機関」であると考えていました。イェリネック、そして、美濃部達吉の「天皇機関説」はその延長であるといえます。したがって、明治憲法から「天皇機関説」を引き出すのはもっともなのです。最初からそのように考えられていたのですから。

しかし、伊藤の考えはシュタインのたんなる受け売りではありません。たとえば、シュタインは多民族国家のオーストリア帝国で考えていたので、議会制に対して消極的でした。議会制は多数決システムであるため、少数民族にとっては不利となり、その結果、少数民族が独立を望むようになって、帝国の分裂に帰結することを恐れたからです。そのため、彼は行政システムを重視し、また、多民族国家を束ねる皇帝(フランツ・ヨーゼフ)のような存在が不可欠だと考えた。それに対して、伊藤はイギリスのような国制をモデルとして、議会政治を創ることを考えたわけです。

したがって、伊藤はシュタインの考えから学びながらも、それとは違ったことを志向したのです。それについて、瀧井一博は、つぎのように述べています。《伊藤は議会政治の不安定さを認識しつつ、にもかかわらず日々の政治的業務を円滑にこなしていくための行政システムの存在、そして議会が破綻した際にそれをいわば高権的に救済する立憲君主の存在を学んだのである》(『文明史のなかの明治憲法』講談社選書メチエ)。

とはいえ、大日本帝国憲法の条文は、伊藤の構想をそのまま反映するものではありません。そこには相互に矛盾する諸要素が書き込まれています。先に述べたようにそれは憲法作成の過程で生じたものです。たとえば、伊藤は内閣を天皇から独立した機関にしようとしたのですが、そうなっていません。第五五条では、国務大臣は各々天皇を輔弼《ほひつ》することになっています。また、総理大臣については規定がありません。国務大臣の一人であると見なされているようです。これでは内閣の独立などありえないし、議院内閣制もありえません。第五六条では、枢密顧問が天皇を輔弼することになっています。これは事実上、元老たちが統治するということです。

さらに第一一条では、陸海軍に対して天皇が統帥権をもつことになっています。これも、実際は、元老(藩閥)が陸・海軍を統治するということです。しかも、陸軍と海軍はそれぞれ天皇と直結することになっているので、相互に独立しています。その意味で、この憲法では、内閣や議会が自立できないようになっているのです。要するに、この憲法は元老による統治を裏づけるものです。しかも、元老のことは憲法のどこにも地位が規定されていない。

しかし、明治憲法が発布された段階では、以上のような点が重大な問題をもたらすことはなかったといえます。それは現実に、元老らが権力をもって存在したからです。したがって、元老らが強かった時期は、穂積八束、その弟子上杉慎吉らが唱えた天皇主権説が主流でした。しかし、山県有朋が死ぬと、情勢が変わった。そこで美濃部達吉の「天皇機関説」が主流となったわけです。旧憲法にはそのような解釈を許容する要素があったし、元老が死んで病弱な大正天皇の世になると、憲法を変えることなく、議会制民主主義に傾斜するようになりました。それが〝大正デモクラシー〟と呼ばれた時代です。一九二五年には普通選挙法も成立しました。ただ、それと同時に、のちに猛威をふるうことになる治安維持法も成立したのです。

一九一七年(大正六年)に起こったロシア革命、さらに、昭和年代の経済不況の下では、情勢はさらに大きく変わりました。満州事変をはじめとする軍部の独断専行がなされたのです。美濃部達吉の「天皇機関説」は追放され、天皇の神格化が生じました。しかし、そのときも、憲法が停止されたり、改定されたわけではありません。それらは旧憲法の解釈によって正当化できるものであったから。

たとえば、旧憲法第一一条によれば、陸海軍に対して天皇が統帥権をもつことになっています。けれども、そのような条文が作られた時期に背後にいた元老たちはもういない。条文だけが残っているのです。そうなると、陸・海軍を抑えるものは誰もいない。内閣はおろか、天皇も知らぬ間に事が進められるようになります。たとえば、陸軍の石原莞爾（関東軍作戦参謀）たちは、独断で満州事変（一九三一年）を企てた。それが長い日中戦争につながったのです。ところが、石原は一九三六年の二・二六事件（青年将校のクーデター）では、「陛下の軍隊を私するな」といって反乱軍を鎮圧する側にまわった。要するに、解釈次第で、どうにでもなるわけです。

日本では、二・二六事件や近衛内閣において、国家社会主義が顕著になりました。それは〝ファシズム〟と呼ばれてきました。確かに、イタリア・ドイツ・スペインなどに見られるファシズムと類似した点はあります。それは、ナチの党名「国家社会主義ドイツ労働者党」が示すように、「社会主義」や「労働者」を掲げるものなのです。ただ、ファシズムの場合、どこでも、憲法の廃止、議会の停止、王制の廃止がなされています。

しかし、日本ではこのようなことはなかった。ゆえに日本にはファシズムがなかった、という主張があったぐらいです。そこで、丸山眞男は日本の状態を〝天皇制ファシズム〟と命名したのです。天皇制ファシズムは、むしろ明治憲法の産物だといえます。いずれにせよ、私がいう戦後憲法の「先行形態」は、明治憲法のことではありません。

4　戦後憲法の先行形態

戦後憲法は、明治憲法に則《のっと》る帝国議会で議決されました。が、先にのべたように、そこに本当の意味での連続性はありません。たんに新たな体制を正当化するために、連続性が仮構されただけです。戦後憲法の「先行形態」を考えるとき、明治憲法だけを見ると、誤解に導かれます。むしろ、明治憲法以前を考えるべきなのです。むろん、明治以前に憲法はありません。が、成文法がないとしても、国家の体制・機構 constitution はあった。たとえば、徳川幕府の体制では、天皇はいわば象徴天皇としてあったといえるのです。

先に私は、マッカーサーは天皇制を残そうとしたとき、かつての日本の権力者が代々とってきた智恵を受け継いだと述べました。それは、天皇を斥けるのではなく、逆に天皇を仰ぎその権威にもとづいて統治するということです。その結果として、「万世一系」の天皇制が生まれた。そして、そのことがまた、天皇制に権威を与えたわけです。

では、なぜそれが可能であったのでしょうか。たとえば、中国およびその周辺では、王朝は交替します。なぜなら、外から遊牧民が征服者として到来するからです。その場合、征服王朝は血統以外のところで、自らの正統性を示さなければならない。そこで、中国で支配的となった観念はつぎのようなものです。君主は天命を受けて統治する。中国の君主が天子と呼ばれるのはこのためです。天命は、民意・民心を通じて表れる。人民の支持がなくなれば、天命が尽きる。そして、王朝が交替する。王朝の交替は「易姓革命」と呼ばれます。統治者の姓が変わることが革命です。そこで、中国では、王朝交替＝革命の「正統性」を裏づける儒学の理論が発展したわけです。

日本には、外部からの征服王朝がなかった。ゆえに王朝の交替がなかったのです。とはいえ古代にはあったというべきでしょう。江上波夫は、大和の王朝が騎馬民族の征服によって生まれたとする「騎馬民族説」を唱えました。確かに、古代に国家が形成されたとき、それが外部との関係を契機としたであろうことは否定できません。首長＝祭司を長とする氏族社会がそのままで国家に発展することはありえないからです。国家はやはり外からの軍事的征服者によって作られたというべきです。

しかし、征服者はたんに軍事力だけでは支配を維持できません。おそらく、旧来の首長＝祭司を組み入れる、あるいは祭り上げることによってその地歩を固め、それによって、天皇制国家のようなものが生まれたのだと思います。このように、古代国家は権力と権威、実力と呪力の二元性にもとづいていましたが、その後も同じです。政治的権力者はいつも、天皇を権威として仰ぐことによってその地歩を固めようとしたのです。*

＊　水林彪は、天皇制が持続した理由を宗教的呪術的権威から説明する通説を批判し、天皇制が存続したのは支配を法的に正当化する装置として機能したからだ、という(『天皇制史論』岩波書店)。

奈良時代には、唐から中央集権的な統治制度が導入されました。それが律令制と呼ばれるものですが、長くは続かなかった。国家が農民に等しく土地を与える均田制は私的所有(荘園制)となり、官僚制も藤原氏のような貴族の支配の下で形骸化しました。それでもなお、藤原氏は天皇にとって代わることはなかった。また、律令を廃止することもなかった。逆に、それらを存続させることによって、自らの権力を固めたのです。ちなみに、律令制は特に官位制として明治維新まで続きました。官位は天皇を頂点とする位階を示すものです。

くりかえすと、日本では王朝の交替がなかった。王朝はそのままで、政権が交替したのです。そして、政権あるいは幕府の正統性は、天皇を握ることにあった。したがって、万世一系の皇室は、天皇が権威として続いて来たことを示すとはいえ、天皇が政治的な支配者として続いてきたことを意味しません。藤原氏以後、天皇が政治的実権を握ったことは、後醍醐天皇による建武新政の短期間をのぞいて、一度もなかった。天皇はいうならば「象徴天皇」であることが常態だったのです。その理由は何か。それは、日本が極東の島国であったというただそれだけのことにつきます。

ただ、外部からの征服がまったくなかったわけではありません。たとえば、一三世紀に元寇があった。文永の役(一二七四年)と弘安の役(一二八一年)です。フビライの指令で、一四万の大軍が押し寄せてきた。二度とも撃退したとはいえ、結果的に鎌倉幕府は衰退しました。御家人たちは、モンゴル軍を撃退するために生死をかけたのに、恩賞がなかった。これは自衛戦争であったため、恩賞として与えるべき獲得物(土地その他)がなかったからです。そこで、武家の不満が募り、各地で反乱が生じた。

後醍醐天皇が王政復古を企てたのはそのような状況においてです。一三三三年に権力を握り、さまざまな制度改革を開始しました。それは天皇による独裁政治でしたが、二年で終わってしまった。王政復古は事実上、足利尊氏や新田義貞のような武士の力に依拠して成立したのに、彼らを無視したことが原因でした。彼らは武家政権の再興をはかるようになった。そして、一三三五年に足利尊氏が反乱を起し、翌年に光明天皇(北朝)を擁立して、室町幕府を開きました。一方、後醍醐天皇は吉野に逃れ「南朝」を起こした。こうして、「南北朝時代」が始まったわけです。

「南北朝時代」は南北の王朝が争ったように見えるけれども、実際には、武家勢力の間での争いです。鎌倉時代の封建制は、臣下の忠誠に対して恩賞(封)を与える互酬原理にもとづいていました。しかし、それを実行できないと、政権は崩壊してしまう。その意味で、封建制は元寇以後、崩壊する過程にあったといえます。ただ、互酬原理が強く残っていたので、中央集権的な国家もうまく成立しない。それが成立するためには「下克上」の争乱を通過するほかなかった。室町幕府はかたちの上では一五七三年まで続いたことになっていますが、実際は、南北朝の動乱、応仁の乱、さらに戦国時代が続いて戦争ばかりだった。つまり、続いたのは幕府というより、「戦争」だったのです。

5　「戦後」としての徳川体制

一八世紀後半に本居宣長は、儒教や仏教が到来する以前の日本人の在り方を「古道《いにしえのみち》」と呼び、それを探究する学問を「古学」と呼びました。古道に見いだされる精神が「やまとごころ」です。それに対して、儒教など中国の思想は漢意《からごころ》、仏教は仏意《ほとけごころ》と呼ばれます。具体的にいえば、漢意は、奈良時代に唐から律令制が導入された時点で定着したといえます。

しかし、実際には、日本人は律令制を忠実に実行することはなかった。一つには、家父長制を前提とする中国の制度や思想が、日本の婚姻・親族の制度に適合しなかったからです。日本では妻問い婚が普通であり、中国の尺度からいえば許しがたい近親婚がなされている。そのことは、紫式部が書いた『源氏物語』を読めば明らかです。したがって、宣長は「やまとごころ」を知るために、まず『源氏物語』を読むことを勧めたのです。

そのように、日本人は律令制を受け入れながら、その都合の悪い面は無視するようにした、といっていいと思います。そのことは、律令制の要である官僚制についてもいえます。建前ではそれを受け入れているが、実際には無視していた。だから、鎌倉幕府のような武家政権が成立したのです。にもかかわらず、律令制の建前は否定されなかった。それは明治維新まで続いたのです。

一四世紀になって、後醍醐天皇らが「王政復古」を唱えたとき、それは本居宣長のいったような「古道《いにしえのみち》」、つまり律令制以前の古の日本の天皇のあり方に回復することではなかった。その逆に、律令国家、つまり、集権的官僚制の国家を作ることでした。それはいわば「中国化」であり、復古というよりも新基軸です。事実、後醍醐天皇らは「王政復古」を唱えたとき、海外から来た新思想である宋学、厳密にいえば、朱子の正統論に鼓舞されたのです。北畠親房の『神皇正統記』が示すように、「正統」が強く意識されるようになった。この種の議論は、「古道」を取り戻すものであるかに見えますが、本居宣長流にいえば、むしろ「漢意《からごころ》」の極みです。

当時、朱子の正統論が人々を興奮させたのは、元の到来があったからです。そもそも南宋の朱子は北方のモンゴルを警戒して「攘夷論」を唱えていた人ですから。徳川時代の末に「黒船」が到来してからにわかに尊皇攘夷、王政復古が唱えられるようになったことを想起して下さい。同様の出来事がすでに元寇（一二七四年・一二八一年）のあとに起きていたのです。それからまもなく宋学が流行し、王政復古（建武中興）（一三三三年）にいたったわけです。

これはつぎのような過程を示しています。日本では外から危機が生じるとき、いいかえれば、超越的なものが外から到来するとき、内部で天皇を超越化するということです。それを示す最初の例は「大化の改新」（六四五年）です。これが起こったのは、唐が新羅とともにヤマトに到来することが必至と見えた時期です。したがって、つぎのようにいっていいでしょう。日本では、天皇が超越的な存在として実権をもつような時期は、内外において危機的な状態にある、戦乱状態にあるということです。先にいったように、建武中興後に成立した室町幕府の時代（一三三六年―一五七三年）は、事実上、戦国動乱の時代です。

それと対照的なのは、徳川家康の時期です。彼は天皇を鄭重《ていちょう》に扱った。しかし、彼がそうしたのは、もし天皇を無視したら、豊臣系などの大名が天皇をかついで反乱を起こすに決まっていたからです。その意味では、織田信長、豊臣秀吉らも天皇を重視していました。しかし、徳川家康における「尊王」は、織田信長や豊臣秀吉におけるそれとは違います。家康は皇室を徳川幕府のシステムの中に位置づけたのです。

信長や秀吉は中央集権主義的、膨張主義的でした。信長は権力を握れば、天皇制を廃止するつもりだったのでしょうが、伝統的な体制を尊重する部下の明智光秀によって殺された。その後、権力を掌握した秀吉は「関白」となって皇室に近づいたのですが、その一方で、明帝国の征服を唱え、朝鮮半島を侵略しようとした。むろん、それは失敗に終わりました。

徳川家康はその後に権力を握ったわけですが、彼はさまざまな点で、秀吉が行ったことの後始末をしなければならなかったのです。別の言葉でいえば、家康は秀吉の戦争のあと、すなわち「戦後」に対処する必要がありました。家康が図ったのは、「戦国時代」を完全に終わらせることです。それは王政復古によって始まった戦乱を二度ともたらさないようなシステムを構築することです。*

＊神島二郎は、戦後日本人の非武装平和主義の一因を、秀吉の「刀狩り」以来の「伝統」に求めている(「非武装主義——その伝統と現実性」『世界』一九八〇年七月号)。だが、この「伝統」は、秀吉ではなく徳川体制に始まると見るべきである。

それについて述べる前に、ここで秀吉の錯誤に関して簡単に述べておきます。一六世紀の日本には、西洋諸国が到来していました。すなわち、近代の資本主義的「世界市場」が日本に及んでいたのです。のみならず、日本人も東南アジアに向かっていました。各地に日本人の町ができていた。むろん、秀吉もそのことを承知しており、ルソン(フィリピン)に朝貢を促す書簡を送って無視されたという事実もあります。したがって、もしその時期、秀吉が陸の帝国を目指して朝鮮半島に攻め込むのではなく、海洋帝国を目指したならば、案外うまく行ったかもしれません。明は元と違って、東南アジアとの交易に関心がなかったからです。また、海外交易を発展させることは、徳川幕府のように身分制・封建制を復活させるかわりに、一層その解体を促進することになり、いわば、明治以後の「文明開化」をもっと早く実現していたかもしれません。もっとも、その結果、もっと早くヨーロッパ列強と軍事的に競合することになったでしょうが。

しかし、陸の帝国を目指した秀吉の拡張主義がもたらした惨禍は、家康をして一切の膨張、発展を拒む縮小主義に向かわせました。彼がとった政策は、一見すると、鎌倉時代の「封建制」の回復です。彼は幕府を関東(江戸)に開いた。室町幕府はいうまでもなく、信長や秀吉が京都周辺にとどまったのと対照的です。家康は中央集権化を避けて、各地の藩を自律的な政府として残した。その点では「封建的」です。が、実は、徳川の封建制は極めて中央集権的なものです。それを示すのが参勤交代制です。毎年大名を遠方から首都に参勤させるような大がかりな財政的負担を強いる制度は、中国の帝国の全盛期でもありえなかったものです。これが幕末まで続いたのです。島崎藤村の『夜明け前』では、参勤交代の大名行列によって発展した街道の町に起こった出来事が描かれています。

このように徳川体制では封建制が回復されたのですが、鎌倉時代と違って、独立自尊の武士はいなくなった。武士という身分は残ったものの、実際は官吏のようなものです。そこで、武力ではなく、法と礼による統治が目指された。したがって、武士は先ず学問をしなければならない。その学問というのが、幕府公認の儒学(朱子学)です。徳川以前には学問どころか、平仮名以外に読み書きのできるような武士はめったにいなかったのです。

もう一つ重要なのは、徳川幕府の外交政策です。鎖国政策といわれていますが、実態は異ります。明・朝鮮との交易があったし、オランダとの交易もあったからです。徳川幕府が特に力を入れたのは、秀吉の侵攻によって破壊された朝鮮との関係の修復です。その一つとして、朝鮮通信使の制度があります。徳川の将軍の交代のたびに、彼らが日本にやってきて、朝鮮の学術・文化を日本人に伝えたのです。当然ながら、朝鮮王朝の背後には明がいました。ゆえに、徳川の政策は、東アジアの国際的秩序を回復するものでした。

徳川の平和 Pax Tokugawana ということがよくいわれますが、その場合、国内の平和しか考えられていないのはおかしい。平和はやはり国家間で考えられるべきものですから。徳川の体制はまさに秀吉の朝鮮侵略を頂点とする四〇〇年に及ぶ戦乱の時代のあと、つまり「戦後」の体制なのです。ふりかえると、徳川の体制は、さまざまな点で、第二次大戦後の日本の体制と類似する点があります。

第一に、象徴天皇制です。先に述べたように、天皇が政治的に活性化したのは、王政復古が唱えられた建武中興のころで、その時に生じた混乱が、戦国時代から秀吉にまで至ったのですが、徳川はそれに終止符を打った。その基礎にあったのが徳川時代の「尊王」です。それは象徴天皇制のようなものです。

第二に、全般的な非軍事化です。大砲その他の武器の開発が禁止された。武士は帯刀する権利をもつが、刀を抜くことはまずなかったので、刀は「象徴」にすぎなかった。その意味で、

武士の非戦士化です。だから、武士は学問をせねばならなくなった。しかし、武士の実質は失

われたけれども、武士という名分は堅持されました。武士道が説かれるようになったのは、む

しろこのような時だったのです。ただ、そこで説かれるような「武士」は、戦争ができるよう

なタイプの武士ではありません。

ある意味で、現在の憲法の下での自衛隊員は、徳川時代の武士に似ています。彼らは兵士で

あるが、兵士ではない。あるいは、兵士ではないが、兵士である。このような人たちが海外の

戦場に送られたらどうなるでしょうか。彼らは戦わねばならないし、戦ってはならない。その

ようなダブルバインド(二重拘束)の状態に置かれます。それは、たんに戦場で戦うのとは別の

苦痛を与えます。先ほどいったように、イラク戦争に送られた自衛隊員のうち五四名が「戦

力」でなかったにもかかわらず帰国後に自殺したということがそれを示しています。

すでに明らかでしょうが、戦後憲法一条と九条の先行形態として見いだすべきものは、明治

憲法ではなく、徳川の国制(憲法)です。先にいったように、戦後憲法は明治憲法における改正

手続きに従い帝国議会で承認されたということになっていますが、そのような連続性は仮構で

あって、本当は、そこに切断があります。それは「八月革命」と呼ぶべき変化なのです。特に、

象徴天皇をいう憲法一条と、戦争放棄をいう九条は明治憲法にないものです。が、それは日本史においてまったく新しいものだとはいえない。ある意味で、明治以前のものへの回帰なのです。

戦後憲法一条の「象徴天皇」制は、徳川時代にあった制度と類似するといっていいでしょう。では、九条の先行形態に関してはどうでしょうか。これは、パリ不戦条約（一九二八年）、さらに遡ればカントの『永遠平和のために』（一七九五年）の理念にもとづいています。憲法九条は「前文」にあるように、国際連合（一九四五年）を前提とするものですが、それもカント的な理念にもとづいています。しかし、九条は日本人にとって、まったく外来のものというわけではありません。ある意味でそれは「徳川の平和」にあったものです。

私は先に、憲法九条には、日本人が侵略的な戦争に向かったことに対する「無意識の罪悪感」があるのだ、と述べました。それは、フロイトによれば、いったんは外に向けられた「死の欲動」が内に向けられたときに生じます。しかし、戦争に行ったからといって、誰もが戦争神経症を病むわけではない。病む人は極めて少数です。同様に、侵略的な戦争を行ったからといって、また、その戦争に負けたからといって、憲法で戦争放棄を掲げることになるとは決まっていません。たぶん日本の他には例がないでしょう。

たとえば、マッカーサーは日本が「東洋のスイス」となることを唱えました。それ以前に同じことを唱えた日本人もいた。しかし、スイスは国民皆兵制なのです。だから、一切の戦力を否定する九条――たとえ実行していないとしても――をもつことは、スイスと同じではない。では、どうして日本の九条のようなものができたのでしょうか。また、そこにいかなる意味があるのでしょうか。

これを、占領軍の強制とか巧妙な検閲・操作というようなことで説明することはできません。他方で、それが日本人が侵略戦争によって罪を犯したという意識から来るということもできない。これはやはり「無意識」の問題なのです。ただ、それをもたらしたのは、「大東亜戦争」だけではない、といわねばなりません。

敗戦が日本人にもたらしたのは、明治維新以後日本が目指してきたことの総体に対する悔恨です。それは「徳川の平和」を破ってたどってきた道程への悔恨です。それは、帝国主義的な戦争における攻撃欲動の発露から生じた「無意識の罪悪感」とはまた別のものです。が、まったく無縁ではありません。むしろ、「徳川の平和」がベースにあったために、第二次大戦後に

「無意識の罪悪感」が深く定着したのだと思います。

徳川時代の日本人は二五〇年ほど、列島の中で平和にくらしていた。それは秀吉の朝鮮侵攻を頂点とする、四〇〇年に及ぶ戦乱のあとのことです。が、「黒船」の到来以後、日本人は総じて徳川の体制を否定した。身分社会を否定し、文明開化を目指したのです。同時に、「徳川の平和」を否定した。それはある意味で、秀吉の時代、あるいは戦国時代に戻ることになります。

一八七一年(明治四年)に徴兵制が敷かれました。「武士道」が日本人一般の在り方として語られるようになったのは、それ以後です。実際、明治一〇年代には、秀吉が英雄視されるようになったのです。新渡戸稲造は西洋の騎士道とパラレルなものとして、英文で『武士道』を書いた。しかし、実は騎士道も同様なのですが、武士道は、武士が戦争をしなくなったときに、そして剣や弓矢が「象徴」でしかなくなったときに成立したものにすぎません。そもそも徳川時代では、農民や町人が自分は武士だなどということは許されなかったし、いうはずもなかった。明治維新の後、武士道が説かれたのはむしろ、それまで武士でなかった国民を徴兵するためです。

日清戦争があったのは、徴兵制が敷かれてから二三年後です。この戦争では政治的な昂揚があったのですが、その後に、反戦運動が始まりました(それについては次の章で扱います)。その典型的な例は、無教会派のキリスト教徒内村鑑三です。彼は日清戦争の際に英文で戦争の「大義」を説いたのですが、その後、それが帝国主義戦争であったことに気づいて自己批判し、次の日露戦争に際しては、新聞「万朝報」でアナキスト幸徳秋水と一緒に非戦を唱えたのです。

しかし、この点で私が注目したいのは、日露戦争の際に、与謝野晶子が、「あゝ弟よ、君を泣く、君死にたまふことなかれ」と歌ったことです。むろんこれは「非戦」を訴えるものですが、その理由が内村鑑三や幸徳秋水などと異質なのです。与謝野晶子の歌は、「弟」に、君は武士ではなく堺の商人《あきびと》の子なのだ、戦《いくさ》で死ぬなどということは「家のおきて」にない、というものです。一九〇四年(明治三七年)には、このような感覚がまだ残っていたのです。そして、つぎのような詩句が続きます。

かたみに人の血を流し、/獣《けもの》の道に死ねよとは、/死ぬるを人のほまれとは、/大みこゝろの深ければ、/もとよりいかで思されむ。

しかし、武士の生き方を「獣の道」と見ることは、誤解です。「武士道とは死ぬことと見つけたり」(『葉隠』)というようになったのは、徳川時代に武士が都市に住み戦もしなくなってからの話にすぎません。それ以前、武士は「武芸」を売り物にする芸能者の一種でした。無闇に死んだり人を殺したりすることはなかった。武士はもっと遡れば、山地で焼畑農業とともに弓矢で狩猟を行う人たちだったのです。

いずれにしても、徳川時代に入るまでは、武士の存在理由ははっきりしていました。それがよくわからなくなった徳川時代において、観念的意味づけが必要になったのです。時には儒教にもとづいて官僚としての在り方(士道)を説いたり、時にはそれを否定して無闇に死ぬこと(武士道)を説く。要するに、徳川時代は、どの身分・階層も二五〇年以上戦争と無縁であった。これは日本史でも珍しい時期です。

明治維新から三六年後に日露戦争があり、それから四〇年後に、日本は第二次大戦で敗戦を迎えました。明治維新とともに開始されたプロジェクトは、七七年ほどで挫折したのです。しかも、人類史上未曽有の兵器である原爆を蒙った。その後に、「再軍備」を唱えるような者が多数を占めるはずがありません。金輪際戦争には行かない、と思うのが当然です。吉田首相の言葉でいえば、再軍備などは「愚の骨頂」、「痴人の夢」です。

しかし、ここまでに述べてきたように、このような戦争忌避の反応は、たんに明治以後の戦争体験から来るものでありません。それはもっと根深く「徳川の平和」とつながっています。この問題をあらためてフロイトの観点から見てみます。

死の欲動とは、有機体が無機質であった状態に戻ろうとする衝迫です。たとえば、人類が定住する以前の遊動的バンド社会では、人々の集団は少数であり、また、いつでも他人との関係を切断できた。その意味で、彼らの社会は「無機質」であったといえるでしょう。しかし、定住以後の社会では、それらが多数結合された「有機体」になる。それは葛藤・相克に満ちた状態です。そのとき、攻撃欲動が生じるのです。それに対処すべく生じたのが、互酬の原理にもとづく厳しい掟をもった氏族社会です。

同様のことが、徳川体制についてもいえます。それは、長い戦乱のあとに築かれたシステムです。徳川体制とはいわば、「戦後」の「国制」constitution なのです。それが目指したのは、さまざまな禁止によって、攻撃欲動の発露を抑えることです。それによって、徳川体制では

「無機質」的な状態が回復されたといえます。それが「徳川の平和」です。ところが、明治以後は開国し外に向かった。それは攻撃欲動の発露です。それが敗戦とともに、自らの内側に向かった。憲法九条がその結果ですが、これは同時に、「徳川の平和」にあった状態に戻ることを意味します。

くりかえすと、憲法九条が根ざすのは、明治維新以後七七年、日本人が目指してきたことの総体に対する悔恨です。それは「徳川の平和」を破って急激にたどった道程への悔恨です。したがって、徳川の「国制」こそ、戦後憲法九条の先行形態であるといえます。

ただ、私がそのようにいうのは、憲法九条は日本文化に根ざしているという意味ではありません。また、徳川時代の国制を称賛したいわけでもありません。憲法九条が含意するのは、カントが明確にした普遍的な理念です。それについては次章で考えますが、ここまで私が試みてきたのは、その普遍的な理念が、なぜいかにして、他ならぬ日本において制度として定着したのかを示すことです。それは、日本人の意思あるいは理想主義によるものではない。それはむしろ、日本が侵略戦争を行ったことを通して、さらに占領軍による強制を通して実現された。私がそこに見いだすのは、いわば「自然の狡知」です。

Ⅲ　カントの平和論

1　中江兆民と北村透谷

日本の戦後憲法の前文にこうあります。《われらは、平和を維持し、専制と隷従、圧迫と偏狭を地上から永遠に除去しようと努めてゐる国際社会において、名誉ある地位を占めたいと思ふ》。この「国際社会」は、すでに存在していた国連(一九四五年)を含むものです。また、憲法九条は戦争を違法化したパリ不戦条約(一九二八年)に淵源するものであり、またその条約は、第一次大戦後に結成された国際連盟(一九二〇年)の上に出てきたものです。この流れを考えると、背後に一人の哲学者が見えてきます。『永遠平和のために』(一七九五年)を書いたカントです。

ふつうにいわれる「平和」というのは、戦争をしていない状態にすぎない。よって、平和条約というのは休戦条約です。それに対して、カントがいう「永遠平和」は、戦争をもたらす一切の敵対状態がなくなることを意味します。カントはそれを諸国家の連合によって創出するという構想を述べたのです。だから、国際連盟や国際連合はそれぞれ、カントの理念にもとづくといっても過言ではありません。このため、国際連盟や国際連合が現実にうまく機能してこなかったことは、カント的な理念が非現実的であるからだと批判されます。そのような批判は『永遠平和のために』が刊行された時点からあったものです。しかし、私の見るところ、それら批判者たちのカント理解は皮相的なものです。これから、それについて検討しようと思います。

その前に、カントの平和論が日本の憲法九条に結実するにいたった過程を、もう少し詳しく見てみます。先に、憲法九条にみられるような平和思想は占領軍の一方的な〝押しつけ〟ではない、ということを述べました。たとえば、マッカーサーに戦争放棄の条項を提案したのは、幣原首相です。幣原は、一九二一年のワシントン軍縮会議の代表であり、第一次大戦後の外相でもあったから、パリ不戦条約についても熟知していました。つまり、そのような平和論は戦前から日本にあったのです。たとえば、日本は国際連盟の常任理事国でした。しかし、満州事変のあと、国際連盟の調査団によってその経緯が違法であるとして非難され、そのあげく一九三三年に国際連盟を脱退してしまった。このような軍部の方針に対して批判的な人たちがいたのは当然です。彼らが戦後になって前面に出て来たのです。

明治の段階で西洋の平和論はかなり普及していました。それは自由民権運動の進展とともに導入されたのです。その系譜については、山室信一が『憲法9条の思想水脈』(朝日新聞社)で詳細に論じています。幕末の思想家、横井小楠(一八〇九―六九年)、また「救民論」(一八七一年)で世界大合衆政府論を提唱した小野梓(一八五二―八六年)、さらに、自由民権運動の理論家であり、かつ戦争廃止のために「万国共議政府」を構想した植木枝盛(一八五七―九二年)。しかし、ここで私は、特に、中江兆民(一八四七―一九〇一年)と北村透谷(一八六八―九四年)について考えたいと思います。

兆民は、ルソーの『社会契約論』を漢訳した『民約訳解』(一八八二年)が中国・朝鮮でも広く読まれたため、「東洋のルソー」と呼ばれました。しかし、それはたんに漢訳をしたからというう以上に、彼がルソーを孟子と結びつけたからです。「民権自由は欧米の専有に非ず」、それはつとに孟子の民本主義に見いだされる、と兆民はいう。孟子は、平和論に関しても、「仁者敵無し」を説いた人です。すなわち、君主は利益でなく仁義によって国を治めるべきであり、そうすれば小国であっても大国に負けることはない、と。

このように、兆民は、近代西洋の思想をたんに輸入するのではなく、東洋思想の土台の上に受容しようとしたのです。したがって、彼の本領は『三酔人経綸問答』(一八八七年)のように、異なる思想の間の問答というスタイルに示されています。ここでは三人が酒席で議論します。第一に、「洋学紳士」は、徹底した民主化と非武装による世界平和の実現を主張する。その中で、サン・ピエール、ルソー、カントにいたる平和論が紹介されます。それに対して、「東洋豪傑君」は、大陸侵略とそれをてこにした国内改革による「変弱為強の業」を主張する。第三に、「南海先生」は、アジアの小邦という条件の下で現実的に可能な道を説く。それは平和路線をとり、民主化を徐々に実現するというものです。

一般に、第三の「南海先生」が中江兆民自身の観点であるといわれます。しかし、兆民の観点はそれらの一つには還元できない、だからこそ、このような「問答」の形式をとったのだ、というべきです。たとえば、「洋学紳士」はルソーやカントの平和論を主張し、それに対して「南海先生」は懐疑的で、より現実的な道をとるべきだと主張します。

しかし、実は、ルソーもカントも「洋学紳士」のような単純な思想家ではありません。あとで詳しく論じますが、今簡単にいっておくと、ルソーはサン・ピエールの「永久平和論」(一七一三年）を取り上げて、「抜粋」および「批判」（一七六一年）を書きました。サン・ピエールはヨーロッパ諸君主の国家連合体を構想した人ですが、それに対してルソーは、君主らの合意にもとづく国家連合の限界を指摘しました。たとえそれによって平和が実現されたとしても、「牢獄の平和」のようなものでしかない。真の平和を実現するためには、先ず、諸個人の社会契約によって人民主権にもとづく国家を形成すること、さらに、それらの諸国家が契約によって連合体を形成することが必要である、というのがルソーの考えです。

しかし、彼はそれについて具体的な構想を述べなかった。ただ、「幾多の革命以外の方法では、国家連合が樹立されることはけっしてない」と結論したのです。同時に、彼はそこで躊躇せざるをえなかった。革命はそれ自体戦争を引き起こすからです。では、それは望ましいことなのか、恐るべきことなのか。ルソーの論考はそのような懐疑で終わっています。カントの『永遠平和のために』は、ルソーの論考をさらに批判的に吟味するところに成立したものです。つまり、彼らの論は弁証法的なもので、単純に一つの立場には還元できるものではない。

兆民の観点についても同様です。「南海先生」が兆民の達した最終的立場とはいえないのです。彼が『三酔人経綸問答』を書いたのは、一八八九年に憲法が発布され翌年帝国議会が開かれる、その少し前です。が、その後一八九四年の日清戦争にいたるまでに大きな変化がありました。それは日本国家の帝国主義への転換です。それはいわば「東洋豪傑君」の観点が圧倒的に強くなったということです。かつて自由民権の闘士であった人たちの多くは、この時期「国権論」に転じていました。兆民は、旧い陳腐な民権論にまだ固執しているのかと嘲笑されて、こう答えた。

吾人が斯く云へば、世の通人的政治家は、必ず得々として言はん、其れは十五年以前の陳腐なる民権論なりと、欧米強国には、盛に帝国主義の行はれつつある今日、猶ほ民権論を担ぎ出すとは、世界の風潮に通ぜざる、流行後れの理論なりと、然り是れ民権論なり、然り是れ理論としては陳腐なるも、実行としては新鮮なり、箇程の明瞭なる理論は、欧米強国には、数十百年の昔より、已に実行せられて、乃ち彼国に於ては、陳腐となり了はりたるも、我国に於ては、僅に理論として、民間より萌出せしも、藩閥元老と、利己的政党家とに揉み潰されて、理論のままに消滅せしが故に、言辞としては極めて陳腐なるも、実行としては、新鮮なり、夫れ其実行として新鮮なるものが、理論として陳腐なるは、果し

て誰れの罪なる乎（『一年有半附録』『中江兆民全集13』岩波書店）

言葉が陳腐に見えても、まだ実行されていない理論は新鮮である。そして、それを陳腐なもののように見えさせるのは「誰れの罪なる乎」と、兆民はいうのです。彼は、多数派が「自由民権」から「国権」に向かったとき、社会主義と平和の思想に向かった。それは「自由民権」をあらためて追求するものです。中江兆民の秘書・弟子であった幸徳秋水は『二〇世紀の怪物帝国主義』（一九〇一年）を書きました。これは秋水がアナキストになる前に書いた著作です。したがって、この秋水の考えは師であった兆民の延長であるとみてよいでしょう。

日本で最初に平和運動を開始しカントの平和論を取り上げたのは、詩人北村透谷です。彼は一〇代の半ばで自由民権運動の活動家となりましたが、その運動が末期的な武装闘争に向かった時点で、脱落しました。そのあと、キリスト教に入信し、また島崎藤村らとともに雑誌『文学界』を刊行した。透谷は、そのように「政治から文学・宗教へ」という、近代日本における知識人の典型的なパターンを最初にたどった者として論じられてきました。しかし、彼はむしろ、そのような典型的なパターンを最初に出た人なのです。

たとえば、透谷は一八九〇年代に平和運動を始めた。クエーカー派の日本平和会機関誌『平和』の主筆となり、平和運動の中心的存在となったのです。彼自身クエーカー派ではなかったから、これは「宗教」の問題とは別のことだと見るべきです。また、これは「文学」の問題でもない。あくまで政治的な問題です。「政治から文学・宗教へ」というパターンにあてはまらない、と私がいうのはそのためです。

確かに、透谷は「政治から文学・宗教へ」の道をいったんはたどったのですが、そこからあらためて「政治」に向かった。それを見逃してはなりません。彼は、『文学界』のリーダーとなりましたが、仲間であった島崎藤村らは透谷の行為を十分に理解できなかった。透谷は一八九四年、日清戦争の三カ月前に自殺しました。二五歳のときです。そのため、近代文学の始祖というべき伝説的存在となったのですが、私はむしろ透谷に最初の「近代文学批判」を見たいと思います。

透谷は機関誌『平和』で、カントの『永遠平和のために』を紹介しました。《哲学者カントがはじめて万国仲裁の事を唱えてより漸く欧州の思想家・宗教家・政治家などをして実際に平和の仲裁法の行われるべきを確信せり》(『平和』第三号、一八九二年)というわけです。透谷の平和思想の基本的立場は、「戦争はキリストの精神に反する」というところにありますが、それはキリスト教徒一般がとる態度だとはいえません。むしろ、聖書にもとづいて戦争を肯定することのほうが多い。聖戦という言葉もあります。日本でも日露戦争の時点では、聖書に戦争肯定の拠りどころを求める態度がキリスト教会の大勢を占めるにいたったのです。非戦を唱えた内村鑑三などはむしろ例外です。

しかも、その内村も日清戦争に際して、"Justification of the Corean War" を書きました。また、それを日本語でも「日清戦争の義」という題で発表した(『内村鑑三全集3』岩波書店)。むろん、彼は後にその論を否定し、日露戦争が迫ると、「戦争廃止論」を書いた。その中で、日清戦争についてつぎのようにふりかえっています。

近くは其実例を二十七八年の日清戦争に於て見ることが出来る、二億の富と一万の生命を消費して日本国が此戦争より得しものは何である乎、僅少の名誉と伊藤博文伯が侯となりて彼の妻妾の数を増したることの外に日本国は此戦争より何の利益を得たか、其目的たりし朝鮮の独立は之がために強められずして却て弱められ、支那分割の端緒は開かれ、日本国民の分担は非常に増加され、其道徳は非常に堕落し、東洋全体を危殆の地位にまで持ち来つたではない乎、此大害毒大損耗を目前に視ながら尚ほも開戦論を主張するが如きは正気の沙汰とは迚《とて》も思はれない。(「戦争廃止論」『内村鑑三全集11』岩波書店)

内村鑑三の非戦論はキリスト教にもとづくものですが、「日清戦争の義」もまたそうなのです。宗教は戦争を肯定することがあり、また、それ自体戦争をもたらすことがある。と同時に、それが非戦を可能にすることも事実です。たとえば、クエーカー派は今も非戦を貫いています。しかし、透谷が率先してクエーカー派の機関誌を主宰したことは、宗教的な理由からではありません。先に述べたように、そもそも、彼自身はその宗派に属していなかったし、属そうともしなかったのです。

透谷は日清戦争の前に自殺しました。そのため、彼の平和運動についての考えは、十分に明らかにされないままとなり、彼が平和運動を行っていたことすら忘れられていきました。彼がカントの平和論に注目したのは、一九世紀末ヨーロッパにおける平和運動の動向を知っていたからです。カントの平和論が前景化するのは、透谷の死んだ日清戦争の年から見て二六年後、国際連盟の結成においてですが、それはすでに透谷が生きた一九世紀後半、帝国主義時代の深化とともに蘇生していたのです。

2 ヘーゲルによるカント平和論の批判

カントの『永遠平和のために』(以下『永遠平和』)は一七九五年に出版されました。つまり、フランス革命(一七八九年)の後、周辺国家による干渉とそれに対する革命防衛戦争が起こった時期に書かれたのです。この防衛戦争の中で頭角をあらわしたのが、軍人ナポレオンです。彼については、九六年に司令官となり、その後終身統領となったこと、一八〇四年に皇帝となったこと、さらにナポレオン戦争と呼ばれる、ヨーロッパ・ロシア・エジプトに及ぶ世界戦争を起こしたことなどが、よく知られています。しかし、カントがこの本を書いたころは、まだ無名の存在であったといえます。

カントがこの本を書いたのは、よくいわれるように、そのような戦争を予感したからでしょうか。私も以前はそう考えていましたが、どうもそうではないということに気づきました。彼はむしろ楽天的な見通しをもっていたようなのです。この本で、彼はつぎのように述べています。それまでの「平和条約」pactum pacis はいわば休戦条約であって、戦争を廃止するようなものではない。条約はいつも破られるし、条約がむしろ戦争の原因になってしまう。そこで「平和条約」にかわって、彼は「平和連合」foedus pacificum を提起します。ちなみに、条約は Vertrag（独）、treaty（英）であり、連合は Verband（独）、association（英）です。

カントは前者を「たんに一つの戦争の終結をめざす」もの、後者を「すべての戦争が永遠に終結するのをめざす」ものと区別します。そして、「永遠平和」は、国家間の敵対性を無化するような連合（アソシエーション）によってのみ可能である、と。

> この連合が求めるのは、なんらかの国家権力を手に入れることではなくて、もっぱらある国家そのもののための自由と、それと連合したほかの諸国家の自由とを維持し、保障することであって、しかも諸国家はそれだからといって、（自然状態にある人間のように）公法や公法の下での強制に服従する必要はないのである。——連合制度は次第にすべての国家の上に拡がり、そうして永遠平和を導くことになろうが、連合制度のこうした理念の実現

可能性（客観的実在性）は、おのずから証明されるのである。なぜなら、もし幸運にもある強力で啓蒙された民族が一共和国（共和国は、その本性上、必然的に永遠平和を好むが）を形成することができたら、この共和国がほかの諸国家に対して連合的結合のかなめの役をはたすからで、その結果諸国家はこの結合に加盟し、こうして諸国家の自由な状態は国際法の理念に即して保障され、連合はこの種の多くの結合を通じて次第に遠くにまで拡がっていくのである。（『永遠平和のために』岩波文庫）

要するに、彼は世界政府を目指すのではなく、諸共和国の「戦争を防止し、持続しながらたえず拡大する連合」を目指すというのです。このようなくだりを見ると、カントは、革命によって「共和国」となったフランスがヨーロッパの他の国に影響を及ぼし、「連合的結合」のかなめとなることを期待しているように見えます。むろん、その後に起きたのは、そのような期待からはほど遠いことでした。革命への干渉があっただけでなく、それに対して革命を防衛しヨーロッパに「連合」を形成するという名目の下で、ナポレオンが積極的に対外的な侵略を始めたのです。したがって、カントの『永遠平和』は意味を無くしてしまいました。

ただ、ナポレオンによる侵略は西ヨーロッパやロシアにおいて、それに対する抵抗運動を通して、各地にむしろフランス的な革命を広げることになりました。それは国民(ネーション)を各地に生みだした。それは、ドイツでは、フィヒテの講演『ドイツ国民に告ぐ』(一八〇七年)に代表されます。つまり、ドイツの哲学者たちは、カントのコスモポリタニズム(世界市民主義)、そしてそれにもとづく平和論を斥けたのです。さらに、ヘーゲルとなると、カントに対する批判はもっと入り組んだものになります。

たとえば、ヘーゲルはナポレオンを肯定しました。ナポレオンは、ヨーロッパに普遍的な理念を実現した世界史的な人物である、というのです。といっても、それは彼が普遍的な理念を追求したからではない。逆に、自身の個人的な野心・征服欲を追求することによって、また、それに対する諸国民の抵抗を通して、結果的に普遍的な理念を実現した。そのような逆説に、「理性の狡知」があるのだ、とヘーゲルはいうのです。そのようにして、ヘーゲルはナポレオンの侵略的戦争を弁証法的に肯定したわけです。そして、カントの平和論をたんに悟性的な考えとして見下した。

ヘーゲルは、カントが『永遠平和』で提起した諸国家連邦の構想に関して、一八二一年につぎのように述べています。

カントの構想の批判　もろもろの国家のあいだには最高法官などおらず、せいぜい調停者か仲介者がいるだけである。しかもこれすら、偶然の成り行きで、特殊な意思任せでしかない。カントは国家連盟による永遠の平和を表象した。国家連盟はあらゆる抗争を調停し、個々の諸国家それぞれから承認を受けた一権能として、すべての反目を鎮め、こうして戦争による決着を不可能ならしめる、というのである。だが、こうした表象は諸国家の合意を前提にしている。この合意は、宗教的、道徳的、あるいはその他のどんな根拠や側面においてにせよ、総じていつも特殊な主権的意思に基づいてきたし、まただからいつも偶然性がまとわりついているにも拘らず、である。*

＊(原注)　理想論として考えるかぎり、私たちはカントの構想などのほうにより大きな親近感を示すに相違ない。けれども、現代にいたるまで、リアリスティックに考えるなら、こうした事態のほうが歴史の示した現実であった。そして、私たちはこういうリアリズムを踏まえたうえで今後の世界を考えていかねばならないだろう。(『法権

利の哲学』第三三三節、未知谷）

ヘーゲルの考えでは、条約であろうと、国際法であろうと、それらが機能するためには、規約に違反した国を処罰する実力をもった国家がなければならない、ゆえに、覇権国家がないかぎり平和はありえない、というのです。だから、カントのいう「理想論」は大衆には人気があるだろうが、現実的政治においては無力でしかありえない、と。

実際、ナポレオン戦争以来、一九世紀の間、カントの平和論は忘却されました。優位に立ったのはヘーゲルがいう〝リアリズム〟です。そして、むしろ大国間の覇権争いこそが「普遍的理念」を実現すると考えられた。その結果が第一次大戦なのです。また、第二次大戦もそのような考えによって生じたといえます。たとえば、日本では、京都学派が唱えた「世界史の哲学」や石原莞爾が唱えた「世界最終戦争」のように、日本の戦争に世界史的使命を見る議論が盛んになされました。

他方、一九世紀末には、帝国主義が席巻する中で、カント的な理念、平和運動、国際連邦論が成長してきました。先に見たように、それは日本でも同様です。そして、この理念は、第一次大戦後の国際連盟において、ある程度実現されました。しかし、それは極めて無力でした。そもそも米国とソ連が加入していないし、一九三三年にはドイツも日本も脱退してしまったのですから。

無力という点では、第二次大戦後にできた国連もさほど違いはありません。結局、国連が機能するのは、覇権国家(旧連合軍)に支えられたときだけです。その上、覇権国家は自分の都合で、国連を無視して動きます。国連はいつも非現実的な理想主義として嘲笑される。その場合、使われる理屈は、ヘーゲルがカントの国際連盟構想を批判したときと同型です。

たとえば、二〇〇三年イラク戦争の際に、米国のネオコンのイデオローグ、ロバート・ケーガンは、米国の軍事行動に反対した国連を、「古いカント的な理想主義」として非難しました。彼はそれに対してホッブズを対置したのですが、実際は、そうとも知らずに、ヘーゲルが二〇〇年ほど前にカントに関して述べたことをくりかえしただけです。ケーガンがいいたいのは、米国の単独行動は一見すると自国の利益を追求するエゴイズムに見えるだろうが、米国はそれを通して「自由と民主主義」の理念をグローバルに実現する役割を果たす「世界史的」存在なのだ、ということです。

しかし、カントは、ヘーゲルがいうように「理想論」をナイーブな観点から唱えたわけではありません。彼はヘーゲルとは違った意味で、ホッブズと同様の見方をしていました。そのことは、『永遠平和』ではなく、むしろその一〇年ほど前の一七八四年に書いた『世界市民的見地における普遍史の理念』（以下『普遍史』）で明確に示されています。

『普遍史』は特に平和を論じたものではありません。それは、彼の言葉でいえば、「普遍的世界史を人類における完全な市民的連合をめざす自然の計画に従って取り扱う哲学的試み」です。平たくいえば、人類史は「世界共和国」に向かって必然的に進むということを述べたものです。ここで、カントは人間に関してけっして楽観的な見方をしていません。人間の本性（自然）には「非社交的社交性」があり、それをとりのぞくことはできない、とカントは考えていました。この点で、ホッブズと同様です。

つまり、永遠平和のための国家連合を構想したとき、カントは、人間の攻撃性、そして、暴力にもとづく国家の本性を容易に解消することはできない、という認識に立っていたのです。したがって、カントは、国際連邦を構想しつつ、それが人間の理性や道徳性によって実現されるとは考えなかった。が、それが実現されないとも考えなかったのです。それは実現される。

ただし、それをもたらすのは、まさに人間本性(自然)の「非社交的社交性」、いいかえれば、戦争であると、カントは考えたのです。

このような逆説的・弁証法的な考え方は、ヘーゲルの「理性の狡知」に対して、「自然の狡知」と呼ばれることがあります。しかし、「理性の狡知」が神学的議論の言い換えにすぎないのに対して、カントの「自然の狡知」は唯物論的なものです。だからこそ、それは後期フロイトの認識を先取りするものとなりえたのです。

実際、カントがいったことは、「自然の狡知」を通して実現されたというほかありません。たとえば、国際連盟が不十分なものながらも実現されたのは、第一次大戦があったからこそです。また、後期フロイトの認識も、第一次大戦後に彼のもとを訪れた戦争神経症の患者たちを通して得られたのです。それらをもたらしたのは、「カント的理想主義」などではなく、第一次大戦において、カントのいう人間の「非社交的社交性」が未曽有の規模で発現したからです。どうしてそうなるのか。それについては、後で、フロイトと合わせて論じます。とりあえず、ヘーゲル的な弁証法ではカントを越えることにはならない、といっておきます。

3　『普遍史』と『永遠平和』

くりかえすと、カントが平和について述べたのは、『永遠平和のために』が最初ではなく、それより一〇年ほど前なのです。が、平和論にのみ関心をもつ者は、そこまで遡ろうとはしません。事実、平和論という点では、『永遠平和』が『普遍史』より緻密で、より現実的な著作であることは疑いありません。また、『永遠平和』が非現実的だと批判されるのは、逆説的なようですが、むしろそのためです。

フランス革命以前に書いた『普遍史』で、カントが考えたのは「平和」の問題というより、むしろ市民革命をいかに成功させるかという問題です。そのことを『永遠平和』でカントが述べなかったのは、それが旧くなったから、あるいはまちがっていたからではありません。彼の期待した通り、市民革命が起こり、それが他国に波及し「連合」が生まれる可能性がでてきたからです。しかし、そのために、『普遍史』において彼が考慮していた論点がいくつか抜け落ちてしまった。このことについて、もう少し考えてみます。

カントは『普遍史』では、ルソーの市民革命と平和に関する理論を検討しました。先にも述べたように、ルソーは、ヨーロッパ諸君主の国家連合体を構想したサン・ピエールの論を評価して抜粋し、かつ批判しました。王侯たちに国家連合を期待することはできない。それができたとしても、王侯の権利を保護するだけのことにしかならない。ゆえに、永遠平和は、諸個人の社会契約によって形成された国家の間の契約でしかありえない、とルソーは考えました。そのためには、革命が不可欠である。しかし、革命が、それ以前よりもひどい害悪、あるいは戦争をもたらす可能性がある。

さまざまな革命による以外に国家連合同盟が設立されることはまったくありえないのだ。そこでこうした原則に立ったとき、われわれのうちのだれが、このヨーロッパ同盟は切望すべきものか、それとも危惧を抱かせるものかをあえて断言できるだろうか。この同盟はおそらく、以後数世紀にわたって防止するに違いない害悪以上の害悪を、一挙にもたらすはずだからである。（「永久平和論批判」『ルソー全集』第四巻、白水社）

ルソーは、革命と永遠平和に関して懐疑的であったといえます。事実、彼の懸念は的中しました。フランス革命は大戦争をもたらしたからです。カントは『普遍史』の段階では、このようなルソーの懐疑の上で考えようとしました。それに関して、彼は二つの論点を明確にしました。第一に、永遠平和は、人々が善意によって実現するような理想ではない、ということです。それをもたらすのは、むしろ戦争であり、人間の「反社会性」である。

その点については後述することにして、先ず、第二の点について述べます。それは、一国だけの革命はありえない、ということです。ルソーは、人民主権にもとづく国家を作る革命が先ずあり、その後に諸国家の連合がなされると想定しているように見えます。が、カントの考えでは、そもそも一国の革命は他国との関係を離れて考えられない。《完全な市民的体制を達成するという問題は合法則的な対外的国家関係という問題に左右されるので、この後者の問題を別にして解決されうるものではない》(『普遍史』第七命題『カント全集14』岩波書店)。ここで、カントがいう「完全な市民的体制」とは、ルソー的な市民革命を意味しています。

ここでカントが考えていたのは、むしろ市民革命の存立条件です。たとえば、そのような革命が一国で起こったときにどうなるか、という問題。これは机上の論ではなかった。まもなく起こったフランス革命では、事実、周囲の諸国からの干渉が生じたのです。たとえば、一七九一年八月に、オーストリア皇帝とプロイセン国王は共同声明(ピルニッツ宣言)で、武力干渉を辞さないことを表明しました。これは威嚇にすぎなかったけれども、それに対抗して、フランスの革命勢力の一派であるジロンド派がオーストリアに宣戦布告した。国外勢力とつながる貴族の反革命運動を一挙に封じるために、戦争に訴えたのです。さらに、一七九三年一月にルイ一六世が処刑されたあとには、「第一次対仏大同盟」が結成された。これは本格的な軍事的干渉です。そこには、オーストリア、プロイセン、スペインだけでなく、イギリスが入っていました。同年六月にジャコバン派がジロンド派を倒して権力を握り「恐怖政治」を強行したのですが、これもむしろ、外からの「恐怖」によって生じたというべきでしょう。そして、そのことは、すでにルソーが懸念していたことであり、また、カント自身も『普遍史』で予想していたことです。

しかし、『永遠平和』を書いたとき、カントはこの先に世界戦争が迫っているとは考えなかった。その逆に、永遠平和のための諸国家連合が可能になってきたと考えたのです。ところが、世界戦争が起こったので、『永遠平和』は意味をなさなくなった。したがって、読まれなかった。それは一九世紀末の帝国主義時代に再び読まれるようになりました。が、今度は、『永遠平和』は、市民革命とは切り離された、平和論としてのみ読まれるようになったのです。

4　カントとマルクス

『永遠平和』はその後に大きな影響を与えましたが、今いったように、それは狭い「平和論」に限定される傾向があります。しかし、カントが『普遍史』で指摘した問題は、平和論よりもむしろ革命論として重要なのです。というより、この二つは本来切り離せない問題です。

諸国家の連邦は、諸国家で革命がなされたときにのみ成り立つ。が、ここに困難があります。カントが述べたのは、つぎのようなアンチノミー(二律背反)です。「完全な市民的体制」を創るような革命は一国だけでは不可能である。諸国家が連合する状態が先になければならない。一方、諸国家の連合が成立するためには、それぞれが「完全な市民的体制」となっていなければならない。では、どうすれば、この循環論を脱することができるでしょうか。

私の見るところ、のちに同じ問題に出会ったのがマルクスです。彼の考えでは、完全な市民社会体制は人間の不平等を廃棄する社会主義であり、また、それは国家を廃棄するものでなければならない。それは、プラトンの考えたような共産主義、つまり、哲学者＝王が管理するような国家社会主義とはまったく違います。この意味で、マルクスはアナーキストと同じです。ところが、国家を揚棄するような革命は、一国だけではありえない。国家は他の国家に対して存在するのだから。ゆえに、社会主義革命は世界同時的でなければならないと、マルクスは考えたのです。彼はこう書いた。《共産主義は、経験的には、主要な諸国民の行為として「一挙的」かつ同時的にのみ可能なのであって、このことは、生産諸力の全般的な発展およびそれと連関する世界交通を前提としている》(『ドイツ・イデオロギー』岩波文庫)。

こうみると、カントの考えたこととマルクスが考えたことがつながっていることがわかります。カントがいう「永遠平和」とは、たんなる「休戦」ではなく、戦争の原因である国家間の敵対性が終わることです。それは実質的には「国家の揚棄」を意味します。国家は他の国家に対してあるのだから、そこに敵対性がなくなるならば、国家は存在しなくなる。厳密にいうと、社会的国家は残りますが、政治的国家は消滅する。カントがいう「世界共和国」とは、そのような状態です。

こう見ると、カントとマルクスの意見が交差することは明らかです。にもかかわらず、それらはまったく無関係なものと見なされました。そして、そのことは、あとで述べるように、第一次大戦に生じた二つの世界史的事件をいずれも失敗に導いたのです。

マルクスに関していえば、一八四八年のヨーロッパ革命は、「世界同時革命」といえるものでした。しかし、各国の革命は連動してはいたものの、意識的な連帯はなく、それぞれ敗北してしまいました。以後、マルクスやアナキストのバクーニンは、つぎの革命を「世界同時革命」たらしめようと、「インターナショナル」(国際労働者協会)(一八六四年)を結成しました。

マルクスは当初、次の世界革命のきっかけとして一八四八年の時と同じように「世界恐慌」が来ることを期待していましたが、それは起こらなかった。その上、インターナショナルの運動もナショナリズムによって分断されてしまった。たとえば、マルクス派とバクーニン派が対立したのは、革命理論をめぐってだけではなく、むしろドイツとロシアのナショナリズムによってです。

そのために第一インターナショナルは一八七二年に分裂し、七六年に解散してしまいました。その後一八八九年に結成された第二インターナショナルも、同様の問題に出会った。第一次大戦で、各国の社会主義者が自国の戦争を支持したため消滅してしまったのです。

第一次大戦の末期に革命(二月革命)が起こりましたが、それは大戦中にロシア一国で起こった市民革命です。王制が廃止され、議会が創立された。しかし、その後に、レーニンやトロツキーは、軍事的に権力を奪う十月革命を強行したのです。この結果、フランス革命で生じたことがくりかえされた。外からの軍事的干渉がただちに起こったのです(たとえば、日本もシベリアに出兵し長期にわたって駐留しました)。そのため、国家を揚棄することを目指したはずの社会主義革命は、国家の強化と「恐怖政治」に帰結してしまった。また革命後に第三インターナショナルが結成されましたが、そこでは各国の革命運動がソ連に従属するものにしかならなかった。それ以後も、マルクス主義において「インターナショナル」や「世界同時革命」が空疎なスローガンとしてまだ残っているのですが、その実現可能性が本当に問われたことは一度もありません。

第一次大戦のあとには、もう一つの大きな出来事がありました。それは国際連盟の創設(一九二〇年)です。これはカントの理念に触発されたものですが、その実態は、サン・ピエールの構想した諸国家連合に類似するものです。すなわち、帝国主義諸国家の連合体です。たとえば、国際連盟のもとに創設された統治制度である「委任統治制度」などは、植民地支配の新版にすぎません。しかも、国際連盟にはそれを提唱した米国が加入せず、ソ連も入らなかった。ゆえに、それは第二次大戦を阻止することができなかったのです。その後にできた国際連合も、根本的には、国際連盟と同じです。これは、第二次大戦に勝利した「連合国」が世界の諸国を管理する体制なのであって、本当の意味でカントにもとづくものとは到底いえない。なぜなら、ここには「市民革命」の要素が欠落しているからです。

5　カントとフロイト

先に、私はカントが、ルソーの革命と永遠平和への懐疑をふまえて『普遍史』を書いたと述べました。さらにカントは、永遠平和をもたらすのは、人間のもつ「反社会性」つまり戦争であると考えていたと指摘しました。ここでその点について説明したいと思います。それは『普遍史』にあり『永遠平和』で抜けてしまった、もう一つのポイントです。諸国家連合は、人間がその意思によって作るようなものではないし、また、その意思によって斥けられるようなものではない。それを作る主体は「人間」ではなく「自然」なのだ、とカントは考えました。すなわち彼は、人類が窮極的に世界共和国にいたるという過程を、隠微な「自然の計画」であると見なしたのです。『普遍史』では、こう書かれています。

自然は人間を、戦争をとおして、また戦争へ向けてのけっして縮小されない過度の軍備、さらにまったく平和状態にある国家でさえも結局はそれぞれ内心抱かざるをえない苦境をとおして、最初は不十分ながらいろいろな試みをさせるが、最終的には、多くの荒廃や国家の転覆を経て、さらに国力をことごとく内部から消耗させた後に、これほど多くの悲惨な経験をしなくとも理性ならば告げることのできたこと、つまり野蛮人の無法状態から抜け出して国際連盟を結ぶ方向へ追い込むのである。（『普遍史』第七命題『カント全集14』岩波書店）

一見すると、カントがここでいう「自然」は「神」を言い換えただけのようにみえます。しかし、このとき、彼はそれまで宗教的な摂理として語られてきた事柄を、唯物論的に見直す観点をもちこんだのです。それはフロイトを先取りするものです。そのとき、彼が最も重視したのは、先述した人間の自然的素質としての「非社交的社交性」です。これが不可避的に、敵対・戦争をもたらす。しかし、同時に、それは平和状態をも不可避的に作り出す。

この「非社交的社交性」は、人間の表層的な意識に存する悪意のことではありません。『永遠平和』でも、カントは「人間の本性にそなわる邪悪」を強調してはいます。しかし、そこでは、邪悪はせいぜい利己心のようなものです。《自然は他方ではまた、互いの利己心を通じて諸民族を結合する》。たとえばその意味で、異なる勢力間の交易を円滑にしたいという「商業精神」が平和をもたらす、ともいえるでしょう。しかし現実はそうはなっておらず、一九世紀以後の戦争は、君主の恣意ではなく、むしろ「商業精神」にこそもとづいているというべきです。つまり、近代の戦争は根本的に、資本主義経済から来るものです。それについては後で論じます。

第一次大戦の後に国際連盟が作られたのは、カント的な理念があったからだということは疑いありません。しかし、それはたんに「カント的理想主義」のためではありません。それは戦争そのものの結果です。カントは『普遍史』においてそれを見越していたのです。人々はまさに「国際連盟を結ぶ方向へ追い込」まれた。何によって、でしょうか。

それを見るためには『永遠平和』ではなく、その前の著作『普遍史』に遡って考える必要があります。先ほど私は、カントがいった「非社交的社交性」ということは、利己心(人間の本性にそなわっている邪悪)のような意識レベルのものではない、と述べました。それは無意識のレベルにあるのです。それを考えるためには、われわれは後期フロイトの精神分析を必要とします。

私は第二章で、フロイトが第一次大戦後に、戦争神経症患者に出会って、新たな認識を得たことを指摘しました。彼らの反復強迫的症状はそれまで想定していたような、快感原則とそれを抑制する現実原則の二元性という観点からでは説明できない、と考えたフロイトは、それらの根底に「死の欲動」を想定するにいたったのです。攻撃欲動は死の欲動から派生するものです。フロイトの考えでは、攻撃欲動(自然)を抑えることができるのは、他ならぬ攻撃欲動(自然)です。それは、カントの文脈でいえば、非社交的社交性(自然)の発露である戦争が、それ自身を抑制するように人々を「国際連盟を結ぶ方向へ追い込む」ということです。

先に私は、カントと深く関連する出来事が二つ、第一次大戦後に生じたことを指摘しました。

ロシア革命と国際連盟です。いずれも戦争の結果であり、「戦後」の出来事です。が、ここで私はそれらに、後期フロイトの精神分析を付け加えたいのです。というのも、それも第一次大戦の結果として生じた「戦後」の出来事ですから。

第一次大戦の当初、フロイトはオーストリア帝国の参戦を支持しただけでなく、戦争が深刻化した中でも、それを不可避的なこととして肯定していました。《この戦争は、しばしば、もっとも善良なわれわれの市民たちを幻惑して、論理的分別を喪失させたのだが、それは一種の二次的現象であり、感情的興奮の結果なのである。おそらくそれは、感情的興奮とともに消えるに違いない》(「戦争と死に関する時評」『フロイト全集14』岩波書店)。

フロイトは、この戦争を、それまでの部族の戦争と区別しなかった。戦争は人が被っている文明の衣装をはぎとって「原始人」に戻してしまう。どんな戦争でも、おそらく「原始人」の戦争でも、実戦の後にはさまざまな後遺症が残るでしょう。しかし、それはいずれ消え去ってしまう。そうフロイトは「希望」したわけです。が、そうならなかった。彼は、戦争の跡が決して消えてしまわないケースに出会ったのです。

第一次大戦のあとヨーロッパには、知性や文化を軽蔑し生命や本能を優位におく考えが隆盛しました。そして、それは一九三〇年代にナチズムにつながっていきました。このような風潮は、ある意味では、戦争後遺症のようなものです。が、実は、それは大戦以前からありました。哲学でいえば、それは新カント派的な主知主義を否定する「生の哲学」です。実は、前期フロイトの思想、つまり、意識より無意識を重視する考え方も、その中に属するといえるのです。

そのようなフロイトの見方を一変させたのは、戦争の現実ではなく、また、戦後の風潮でもなくて、戦後に戦争神経症者に出会ったことです。戦争神経症になった者はむしろ少数です。大多数は、フロイトが予想したように何とか元に戻ったのです。しかし、それまで戦争を肯定していたフロイトはそれら少数者のケースから、それまでの見方を根本的に改めた。いわば、患者らがこの戦争が何であるかをフロイトに告げたのです。むろん、彼らはそれを「意識」していない。フロイトがそれを彼らの「無意識」に見いだしたのです。とはいえ、それは前期フロイトが考えていたような無意識とは異なるものです。これは、彼がその後まもなく「超自我」と呼んだものです。

なぜこの戦争はこのような戦争神経症をもたらしたのでしょうか。それはこの戦争が帝国主義戦争であったからです。たとえば、太古から部族間の戦争では、あるいは、近現代においても民族独立などの戦争では、人々は命をかけて戦い、またその後はスムーズに日常生活に戻ることができた。しかし、すでに独立している国家が他国を侵略するような戦争となると、事情が違ってきます。戦争中にはさまざまなイデオロギーで粉飾されていても、それは戦場の現実、他国での現実によってはぎとられてしまう。そこから、さまざまな戦争後遺症が生じます。しかし、それらは意識的なものです。

それに対して、フロイトが出会った患者らはむしろ何も覚えていない。だから、普通は病人扱いされるだけでしょう。ところが、フロイトは彼らの「無意識」の反復強迫に重要な意義を認めたのです。この反復強迫は自らの攻撃性を糾弾することです。つまり、それは、そうと意識することなしになされる戦争への批判なのです。フロイトは、それを行うものとして超自我を見いだした。のみならず、文化を超自我として見いだしました。むろん、肯定的な意味において、です。

ちなみに、フロイトは初期からカントの考えに対してほとんどつねに否定的でした。彼にとって、カントのいう理性は父や社会の規範を示すものでしかなかった。また、カント的な知性は表層的なものであって、無意識の深みには及ばないと考えていました。しかし、第一次大戦後に彼はそのような見方を変えたと思います。特にカントを名指して再評価しているわけではありませんが、明瞭なのは、彼が第一次大戦後に、〝知性〟や〝文化〟について肯定的に語るようになったことです。

あと二つの点について、いま少し述べておく必要があります。第一点は、私の立場が弱いからといって、それがあなたの立場の強化を意味するわけではないことです。私が言いたいのは、もう負けが決まっている争点をあなたが擁護していらっしゃるということです。人間の知性は人間の欲動生活に比べて無力だ。このことを私たちは今後も繰り返し強調するでしょうし、そうするのが正しいかもしれない。ただ、この知性の弱さというのには何か独特のものがあるのです。知性の声はか細い。しかしこの声は誰かに聞き取られるまで止むことがない。何度も繰り返し聞き過ごされたあと、最後にはやはりそれを聞き取ってくれる人が出てくる。これは、私たちが人類の未来について楽観的であるのが許される数少ない点のひとつですが、このこと自体が意味するところも小さくありません。そこに、私たちは、さらに他の様々な希望を繋ぐことができるからです。知性の優越はたしかに遠い遠い先のことですが、どうやらそれも無限の彼方にあるのではないようだ。（「ある錯覚の未来」『フロイト全集20』岩波書店）

カントの平和論は非現実的で弱々しいものとして黙殺されるでしょう。しかし、そこにある「知性の声」は、聞き入れられるまで止むことはないのです。フロイトは、一九三三年には、どうすれば戦争を廃棄できるかというアインシュタインの問いに対してこう述べています。これもカントの平和論に直結する問題です。

文化的な態度と、将来の戦争が及ぼす影響に対する当然の不安、これら二つの契機が働いて、近いうちに戦争遂行に終止符が打たれるであろうというのは、ひょっとすれば単にユートピア的な希望ではないかもしれません。どのような道を経て、あるいは回り道を経て、それが実現するのかは、私たちは推し量ることができません。にもかかわらず、文化の発展を促すものはすべて、戦争に立ち向かうことにもなるのだと言えます。（「戦争はなぜに」『フロイト全集20』岩波書店）

6 贈与の力

第三節で述べたように、ヘーゲルが『法の哲学』でカントの国家連合を批判したのは、つぎのような理由からです。国際法が機能するためには、規約に違反した国を処罰する実力をもった国家がなければならない。ゆえに、力がなければ、平和はありえない。こうしたリアリズムを踏まえた上で今後の世界を考えていかねばならないだろう、というわけです。

しかし、私は力について、もっとリアルに考えていかねばならないだろうと思います。力にはさまざまなタイプがあるのです。通常、実力という場合、暴力・武力を意味しています。が、金の力もあります。また、それらとはまったく異なるタイプの力もあります。それに関して、私は子供の頃に読んだ、ジョー・ルイスというヘビー級の世界チャンピオンであったボクサーの逸話を思い出します。彼は酒場で大威張りで傍若無人にふるまっていたのですが、そこに小柄な老人がやってきて、いきなり彼をポカポカと殴りつけた。それに対してルイスは無抵抗であった。皆が驚いたのですが、誰も敵わないルイスが手も足も出せない強力な者はいったい誰なのか。彼は父親だったのです。

要するに、力にはさまざまなものがあります。たとえば、権威にも権力とは異なる力があります。しかし、私はさまざまな力を、「交換様式」の違いから説明できると思います。交換様式には三つのタイプがあります。そして、歴史的には、どんな社会もこれらの接合体としてあったということができます。ただ、どのタイプがドミナントであるかによって違ってくるだけです。

第一に、贈与―お返しという交換です。未開社会では、これが主要な交換様式です。このような互酬交換が、共同体の内部および他の共同体との間においてあります。物だけでなく、婚姻も互酬交換としてなされる。では、この交換を可能にする、あるいは不可避にするものはなにか。贈与を迫り、また、お返しを迫る力です。それはいわば「呪力」のようなものです。

マルセル・モースは、未開社会の原理を互酬交換に見いだしました。それは、贈与しなければならない、贈与を受けとらねばならない、贈与にお返ししなければならない、という三つの掟によるものです。この掟を強制する力は何か。彼は原住民マウリ族の慣習に従って、贈与された物にハウ(精霊)が宿っている、と考えた。これは、モースの贈与論を受け入れた人々の間ですら、批判の的となってきたものです。しかし、モースの考えは、彼の叔父エミール・デュルケムが述べたように、「所有権」という現実的な観点から説明できるものです。

未開社会では、個人がある物を所有するとしても、その所有権は共同体にあります。ただ、人々は、その物を共同体が所有すると考えるわけではない。人々は、物が共同体所有であることを、精霊が所有する、あるいは、物に精霊が宿っていると観念するのです。そのため、贈与された物には、贈与した共同体の「所有権」がハウとして付随する。そしてこのハウは、元の場所に帰還することを要求します。つまり、今日の観点からいえば、債務の返済が要求されるわけです。彼らの観点では、贈与を受け取った共同体は精霊につきまとわれる。それは人間的な暴力より強力です。贈与された側は絶対に抵抗できない。

このような共同体では、掟に反した者に刑罰などは不要です。いうならば「アウト」と宣告されただけで、すぐに死んでしまいます。むろんストレスで死ぬのでしょうが、そこでは精霊の呪力のためだと考えられている。だから、彼らが掟を破ることはありえない。これは、法の原型といわれることもありますが、そうだとしても、この法を支えるのは、暴力ではありません。一般に、権力と区別される権威は、一種の呪力をもつということができます。

くりかえすと、このような力は、贈与―お返しという互酬交換から来るものです。私はそれを交換様式Aと呼びます。これは別に、未開社会に固有なものではありません。今でも各所に存在するものです。また、それは他のタイプの交換の根底にもあります。先ほど述べたように、暴力的なルイスが手も足も出なかった父親の力とは、そのようなものです。その秘密は、ルイスが親孝行であったということです。つまり、父親の力は、親からの贈与に対する子供の負い目（親の恩）にもとづいています。

B 収奪と再分配（支配と服従）	A 互 酬（贈与と返礼）
C 商品交換（貨幣と商品）	D X

図1 交換様式

B 国 家	A ネーション
C 資 本	D X

図2 資本＝ネーション＝国家の構造

つぎに、二番目と三番目の交換様式、BとCについて簡単に述べます（図1と図2）。交換様式Bは、支配―服従、収奪―再分配というような「交換」です。国家はこのような交換Bによって成り立っています。これは一見すると、交換に見えません。しかし、国家権力は、暴力によって共同体ないし個人を征服し収奪するだけでは成り立たないし、長続きしない。その支配は、相手が服従することによって安寧を得るという「交換」になっていなければならない。その意味では、Bの根源にも互酬性があるのです。

むろん、国家は実力(暴力)なしにありえません。しかしまた国家の権力は、それが交換となるときにのみ、つまり服従する者がむしろ自発的に国家に従う場合にのみ、成り立つのです。同様の例をあげると、人々は領主に服従すれば、他の暴力からは護られる。また、人々は領主あるいは国家に対して税を払うが、それは公共事業・福祉政策などのかたちで再分配され自分にもどってくる。そうでなければ、人々は服従しない。支配—服従の関係が「交換」にもとずくときにのみ、国家の「権力」が成立するのです。

国家が成立したあとも、互酬性の原理は共同体・家族において残ります。実は、国家機構にも互酬原理が残ります。国家は一般に、支配—服従、収奪—再分配という交換様式Bにもとづいていますが、Bも一様ではありません。たとえば、封建制国家は、中央集権的官僚制国家とは違います。封建制では、主君と臣下の主従関係は、主君が封土を与え臣下が返礼(報恩)するというかたちをとります。なお、念のために繰り返しますが、第二章で述べたように、徳川の幕藩体制はかたちの上では封建制ですが、実際は中央集権的な体制です。

つぎに、交換様式Cですが、これは一般に交換という言葉から、人々が連想するものです。この場合、交換は強制ではなく、自由意思でなされる。その意味で、AやBと違います。Cの原理が支配的となったのが近代世界です。近代国家もBにもとづくのですが、Cの原理に合うように変形されています。したがって、私有財産、人権などが肯定されます。Cにおいては、交換は各人の同意なしには、つまり自由なしになされない。しかし、それでそこに真に対等で平等な関係が生まれるかというと、そうではありません。それはCに固有の階級支配をもたらすのです。

その違いは、奴隷、農奴、賃労働者を比べてみるとわかります。奴隷とその所有者の関係は交換様式Bの一タイプです。奴隷は主人に全面的に服従しますが、そうであるかぎり主人の保護を受けます。奴隷制は、ローマ帝国の末期に奴隷の値が高くなったので、消滅してしまいました。代わりに始まったのが農奴制 serfdom です。農奴と領主との間には、互酬的(双務的)関係があります。領主がなすべきことをなさないなら、農奴は都市に逃亡してしまう。その点で、奴隷と違います。一方、近代の賃労働者は農奴が使用権をもつ土地や共有地(コモンズ)をもっていない。彼らが所有するのは、いわゆる「労働力商品」だけです。これを資本家に売って労働するわけです。その場合、労働者と資本家との関係は相互に自由意思にもとづくもので、奴隷と主人、農奴と領主との関係とは違うけれども、やはり階級支配なのです。

それは、貨幣と商品の非対称的な関係から生じるものです。たとえば、貨幣をもつ者はいつでも商品を買うことができますが、商品をもつ者はそうはいきません。そして、売れない場合、商品は廃棄されてしまう。貨幣を所有しようとする欲望が生じるのはこのためです。これは商品(使用価値)への欲望と違って、商品をいつでも手に入れられる権利を所有したいということです。そして、その権利を蓄積しようとする欲望によって、資本(商人資本)が生まれました。それは今日の資本主義においても同じです。資本とは、物を所有できる権利、いいかえれば、「力」を獲得しようとする欲動なのです。

交換様式Cは単独でなりたつわけではありません。それは、交換の契約が履行されることを保証する国家・法を必要とします。つまり、交換様式Bが必要です。さらに、それはある意味で、交換様式Aをも必要とします。たとえば、商品交換は多くの場合、信用を通してなされます。手形を渡して商品を受け取り、あとで支払うわけです。ある意味で、貨幣も古代において信用として始まったといえるのです。

歴史的には、どんな社会構成体も異なる交換様式の接合によってなりたっています。どの様式が支配的であるかによって違ってくるだけです。したがって、交換様式Cが支配的となっても、他の交換様式がなくなるわけではない。たとえば、近代に交換様式Cが支配的となると、つまり貨幣経済が浸透すると、農業共同体にあったAの原理は徐々に解体されます。しかし、それは別のかたちで取り戻されたのです。ベネディクト・アンダーソンは、ネーションは「想像の共同体」だといいました。私の考えでは、ネーションは、CとBの支配の下で解体されたAを、想像的に回復するものです。したがって、近代国家は、CとAとBの接合、つまり、資本＝ネーション＝国家というかたちをとるわけです。

したがって、力について考える場合、暴力・武力だけで考えることはできません。そのような「実力」がまったく機能しない場があるのです。むしろ多数の異なる力が交錯する場こそが現実です。しかも、さらに事態を複雑にするのは、以上三つの交換様式およびそれに由来する力に加えて、いま一つの交換様式およびそれに伴うもう一つの力があるということです。

それは交換様式Dです。Dは、厳密にいうと、交換様式ではありません。それまでの交換様式をこえるものですから。それが最初に出現したのは、BとCが大規模になった世界帝国においてです。Bが大きくなると、Cも発展します。というのは、帝国ができると、それまで部族、小国家、あるいは山賊・海賊などによって阻まれていた交通・交易が可能になるからです。しかし、この場合、Cは、どんなに拡大しても帝国、つまり、Bに従属したままです。交換様式Cが優位に立つのは、近代世界システムにおいてです。その時には逆に、世界帝国は成りたたなくなる。そこで帝国を作ろうとすれば、それは〝帝国主義〟にしかなりません。これについては、次の章で論じます。

簡単にいうと、Dは普遍宗教としてあらわれます。つまり、現実に存在するものではなく、理念としてあらわれる。Dはある意味で、Aの回復、つまり贈与の原理の回復です。しかし、大事なのは、それが同時に、Aの否定でもあるということです。また、それはAに根ざすBやCの原理を否定するものです。

具体的にいうと、呪術とは贈与によって神を動かすこと(互酬)です。たとえばお供えをすることによって、願いをかなえてもらうことを期待する。この意味での呪術(ウェーバーの言葉では「神強制」)は、今日のいわゆる世界宗教にも残っています。それは超越神を仰ぐけれども、実際は、人間中心の宗教です。祈願によって神を動かそうとするのだから。また、人が望み決めたことを神の名において正当化するのだから。

一方、普遍宗教は、そのような宗教の批判としてあらわれたのです。つまり、それまでの宗教にひそむ交換様式AやBの原理を批判するものとして。たとえば、イエスは「右の頬を打たれたら、左の頬を出しなさい」と説いた。それまでユダヤ教では、「目には目を」が普通です。「右の頬を打たれたら、(相手の)右の頬を打ち返せ」ということになる。これは一見すると、報復を煽っているようにみえますが、そうではない。むしろ、その逆です。

一般に、報復はいわゆる「倍返し」になります。そして、さらにそれに対する倍返しがなされる。それが血讐《けっしゅう》(ヴェンデッタ)です。「目には目を」はそれを禁止するものです。目に対して目以上に報復してはならない、つまり、法による裁きに従えということです。この考えはバビロニアの『ハムラビ法典』にも明記されており、今日でいう「罪刑法定主義」の嚆矢《こうし》です。では、イエスが「目には目を」を否定したとき、何を意味していたのでしょうか。

このことを理解するには、交換様式から見る必要があります。最初の血讐は、交換様式A、すなわち互酬性(reciprocity)です。実際、英語では報復することをreciprocateといいますし、日本語でも「お返しする」という。「目には目を」とは、それを禁止するものなのです。それは交換様式B、すなわち国家の法を示します。それはまた、一種の等価交換、すなわち交換様式Cに近いといえます。一方、イエスがここで開示したのは、まったく新しい態度なのです。それは交換様式A・B・Cを否定するものです。

彼が提示したのは贈与です。しかし、それはお返しを迫るような贈与とは違います。たとえば、神に祈るとき、それはたんに祈るのであって、神に願いごとをかなえるよう迫ることではない。だから、私はこのような贈与を純粋贈与と呼びます。右の頬を打たれたとき、左の頬を出すのは、見たところ、無力の極みです。しかし、ここには、互酬交換の力を越えるような、純粋贈与の力があるのです。「愛の力」といってもいいのですが、それはたんなる観念ではなく、リアルで唯物論的な根拠をもつものです。

私はその例として、憲法九条における、戦争の放棄、武力の行使の放棄を考えてみたいと思います。武力の行使の放棄は、敗戦・被占領の下では普通に生じる事態です。しかし、日本の戦後憲法における戦争放棄は、敗戦国が強制的に武力を放棄させられることとは違います。それは何というべきでしょうか。私は、贈与と呼ぶべきだと、と思います。

では、誰に贈与するのか。先に引用したように、憲法の前文にはこうあります。《われらは、平和を維持し、専制と隷従、圧迫と偏狭を地上から永遠に除去しようと努めてゐる国際社会において、名誉ある地位を占めたいと思ふ》。したがって、九条における戦争の放棄は、国際社会に向けられた「贈与」なのです。

このような贈与に対して、国際社会はどうするだろうか。これ幸いと、攻め込んだり領土を奪うことがありうるでしょうか。そんなことをすれば、まさに国際社会から糾弾されるでしょう。したがって、贈与によって無力になるわけではない。その逆に、贈与の力というものを得るのです。それは、具体的には国際世論の圧力というかたちをとりますが、その圧力は軍事力や経済力とは別のものであり、また、それらを越えたものです。

私は、日本の憲法九条にはカント的理念があるといいましたが、ここであらためて、検討したいことがあります。というのは、カントは『永遠平和』では、私のいう「贈与の力」について考えていないからです。彼は、武力による諸国家連合には限界がある、と考えた。かといって、「道徳性の動機」に頼ることもできない。そこで、彼は「商業精神」あるいは「金の力」に訴えようとしたのです。

商業精神は、戦争とは両立できないが、おそかれ早かれあらゆる民族を支配するようになるのは、この商業精神である。つまり国家権力の下にあるあらゆる力(手段)のなかで、金力こそはもっとも信頼できる力であろうから、そこで諸国家は、自分自身が(もとより道徳性の動機によるのではないが)高貴な平和を促進するように強いられ、また世界のどこででも戦争が勃発する恐れがあるときは、あたかもそのために恒久的な連合が結ばれているかのように、調停によって戦争を防止するように強いられている、と考えるのである。実際、戦争にむけての大合同は、事柄の本性から見てきわめてまれにしか生じないし、それが成功するのはさらにまれだからである。——このような仕方で、自然は人間の傾向そのものにそなわる機構を通じて、永遠平和を保証する。なるほどこの保証は、永遠平和の到来を(理論的に)予言するのに十分な確実さはもたないけれども、しかし実践的見地では十分な確実さをもち、この(たんに空想的ではない)目的にむかって努力することをわれわれに義務づけるのである。(『永遠平和のために』岩波文庫)

ここでカントは、交換様式Bに対してCを対置しようとしているわけです。Cが優越的になれば、戦争は抑制されるだろう、と。しかし、先にも述べたように、一九世紀以後の戦争はむしろ「商業精神」、つまり、Cに根ざすものです。Cによって、Cを抑えることはできません。では、「道徳性の動機」に訴えるほかないのだろうか。

ここでカントのそれ以前の著作『普遍史』に戻ってみましょう。彼は永遠平和あるいは諸国家連合の実現をもたらす契機を、人間の反社会性(攻撃性)、そしてそれがもたらす戦争、それがもたらす「多くの荒廃や国家の転覆」に見いだしたのです。

自然は人間を、戦争をとおして、また戦争へ向けてのけっして縮小されない過度の軍備、さらにまったく平和状態にある国家でさえも結局はそれぞれ内心抱かざるをえない苦境をとおして、最初は不十分ながらいろいろな試みをさせるが、最終的には、多くの荒廃や国家の転覆を経て、さらに国力をことごとく内部から消耗させた後に、これほど多くの悲惨な経験をしなくとも理性ならば告げることのできたこと、つまり野蛮人の無法状態から抜け出して国際連盟を結ぶ方向へ追い込むのである。ここで国家はすべて、最小の国家でさえも、自国の軍隊や自国の法律上の判決からではなく、もっぱらこの大きな国際連盟(アンフィクチオン同盟 Foedus Amphictyonum）すなわち統一された権力と統一された意志の法に則った決断から、自国の安全と権利を期待することができる。（『普遍史』第七命題『カント全集14』岩波書店）

確かに第二次大戦後の国連や日本における憲法九条は、以上の過程を示しています。カントの構想は、したがって、たんなる理想主義ではありません。しかし、彼は、国家の軍事力や金の力を上回るような強い「力」がありうることを示さなかったと思います。そのため、「リアリスト」と称する人たちから、理想主義者として軽侮の的となってきたのです。

実際、国連は無力であり、戦争を阻止するような力をもっていません。では、それを強くするにはどうすればよいか。軍事力をもった諸国家が国連を支えるというのでは、サン・ピエール型の国際連盟にしかなりません。それなら、「世界同時革命」を待つほかないでしょうか。私は、国連の根本的改革は一国の革命から開始できると思います。それが世界同時革命の端緒となるからです。

たとえば、日本が憲法九条を実行することが、そのような革命です。この一国革命に周囲の国家が干渉してくるでしょうか。日本が憲法九条を実行することを国連で宣言するだけで、状況は決定的に変わります。それに同意する国々が出てくるでしょう。そしてそのような諸国の「連合」が拡大する。それは、旧連合軍が常任理事国として支配してきたような体制を変えることになる。それによって、まさにカント的な理念にもとづく国連となります。

その意味で、日本が憲法九条を文字通り実行に移すことは、自衛権のたんなる放棄ではなく、「贈与」となります。そして、純粋贈与には力がある。その力はどんな軍事力や金の力よりも強いものです。カントが人類史の目標とした「世界共和国」は、AやBやCに由来する力でなく、D、すなわち純粋贈与の力によって形成されるものです。

Ⅳ 新自由主義と戦争

1　反復するカントの平和論

私はこれまで、カントの『永遠平和のために』がどのような時期に書かれ、その後、どのように受けとめられてきたか、そして、今後にどのような意味をもつかについてさまざまな観点から考察してきました。この最終章では、さらに異なる角度からそれらについて検討したいと思います。このことは、現在は、世界史的に見てどういう段階にあるのか、そして、この先に何に至るか、という問題にも直結しています。

これまでに述べてきたように、カントの平和論は、一八世紀末に始まった世界戦争の中で書かれたものです。しかしこれは、ナポレオン戦争が終わったあと、一九世紀の間、ほとんど話題にもならず、いわば、潜伏期にありました。それが急に浮上してきたのは、一九世紀末の帝国主義時代のことです。そして、カントの構想がある程度実現されたものが、第一次大戦後の国際連盟です。しかし、すでに述べたように、国際連盟にはそれを提唱したアメリカが加入せず、ソ連も入っていない。したがって、つぎの世界戦争を阻止する力をもたなかった。

第二次大戦後には、国際連合ができました。これは国際連盟に比べると、強力です。というのも、これは事実上、第二次大戦に勝利した連合軍が作ったようなものだからです。国際連合は多数の国際組織の集まりでもありますが、その中核は、国際連合安全保障理事会(United Nations Security Council)であり、常任理事国は、アメリカ合衆国、イギリス、フランス、ソ連、中国、すなわち、旧連合国でした。

国際連合が強力に見えたのは、それが列強の連合体であったからです。また、そこではアメリカの経済的・軍事的力が圧倒的に強かった。たとえば、朝鮮戦争において「国連軍」は事実上、アメリカ軍でした。同時に、国連は、このアメリカに対抗するソ連圏(第二世界)や、さらに米ソの間に立つアラブ・アフリカなどの「第三世界」が依拠しうる舞台としても機能しました。それでもなお、国連はカント的な理念からは遠いものでした。それはむしろ、ルソーやカントが批判したサン・ピエールの唱えた君主らの国際連合に近いといえます。

その意味で、カント的な平和論の潜伏はまだ続いていたといえます。それが再び浮上してきたのは、ソ連圏が崩壊し、第三世界が消えた時期、つまり、一九九〇年以後です。私自身、カントの平和論に注目したのは、一九九一年、湾岸戦争が始まったときです。むろん、それは自衛隊の海外派遣の問題があり、憲法九条の問題がリアルになってきたからです。が、これはたんに日本独自の問題ではなかったと思います。

ここでいえるのは、カントの平和論が重要となるのは、歴史的に一定の状況においてだということです。それはたんに戦争や戦争の脅威があるということではありません。戦争は一九世紀の間、各地にあった。しかし、その時代はカント的な理念を必要としなかったのです。ところが、一九世紀末にカントの平和論が復活してきた。それはある意味で、カントが平和論を書いた一八世紀末の状況に似てきたからです。そして、現在も再び同じ気運がめぐってきていいます。したがって、カントの平和論を必要とする状況は反復的であるということができます。ここで、一八世紀末、一九世紀末、そして、現在の時代に何が共通するのか、その共通性はどこから来るのか、という疑問がでてきます。

その答えは、一言でいえば、三つの段階は、それぞれ「帝国主義的」段階であるということです。ただ、そういっても、意味がわからない人が多いと思います。帝国主義という言葉は、好き勝手に使われてきたので、意味が不確かだからです。マルクス主義では、帝国主義は一八八〇年代に顕著になった、金融資本の優位に特徴づけられる資本主義の発展段階として規定されていますが、他方で、そういう段階規定と無関係に、政治的な侵略・膨張主義として解されることが多い。ただ、概してマルクス主義では、帝国主義は資本主義経済と結びつけて見られる、といっていいでしょう。

一方、国際政治学者モーゲンソーは、それに対して、帝国主義は政治的な次元で、つまり、国家間の関係において見るべきだと主張しました(『国際政治』)。私もそれが必要だと思います。しかし、同時に、経済史的な観点が不可欠です。たとえば、モーゲンソーは、ローマ帝国や古代の帝国と、近代の帝国主義とを区別しません。帝国主義をたんに政治形態としてしか見ていないからです。したがって、膨張主義＝帝国主義ということになります。これは通俗的な見方として普及しています。

一方、ハンナ・アーレントは、それとは異なる見解を示しています。彼女は、前近代の帝国、近代の国民国家、そして、近代の帝国主義をはっきりと区別しました(『全体主義の起原』)。アーレントの考えでは、古代の帝国には、多数の民族や国家を統治する原理があった。しかし、国民国家にはそれがない。国民国家は、帝国を否定し解体することによって生まれたものです。

そのような国民国家が膨張しようとすると、帝国になるかわりに、帝国主義になるというのです。

このことを最初に示した例は、ナポレオンの征服戦争です。彼はフランス革命の理念をヨーロッパに広げようとしたのですが、それは他国にとって「帝国主義」でしかなかった。そしてその結果、イギリスの経済に対抗するヨーロッパ連邦を形成しようとしたナポレオンの意図とは裏腹に、多くの国民国家が生まれたのです。第二次大戦後、帝国主義の結果として多くの国民国家が生まれたことも、それと類似します。

私はアーレントの意見に基本的に同意しますが、帝国、国民国家、帝国主義の違いを理論的に明らかにしようとしたら、政治・経済の諸概念をあれこれ組み合わせたり操作したりするだけでは不十分だと思います。そのためには、どうしても第三章で紹介した「交換様式」という観点が必要です。

2　交換様式から見た帝国主義

交換様式については第三章でも述べましたが、ここでそれを簡単にふりかえっておきます。交換様式には、図1(一二一頁)にあるように、A・B・Cの三つがあります。太古から、社会は、この三つの交換様式の接合として構成されてきました。現在の社会構成体では、それが資本=ネーション=国家という形をとっているわけです(図2)。実は、これらに加えて、四つ目のDがあります。これは実在しないが、普遍宗教とか社会思想という理念のかたちをとって、社会構成体にとって重要な役割を果たしています。

もう一つ、大事なのは次の点です。どんな社会も単独で存在するわけではない。他の社会と関係しながら存在します。いいかえれば、多数の社会が互いに関係する世界があります。そして、そのような複数の社会の複合体(ブロック)は、「世界システム」と呼ばれていますが、この世界システムも、三つの交換様式のうちのどれが優位であるかによって性格が違ってきます。

B　世界=帝国	A　ミニ世界システム
C　世界=経済 (近代世界システム)	D　世界共和国

図3　世界システムの諸段階

図3に示したように、交換様式Aつまり互酬性原理が優位にある世界

	1750-1810	1810-1870	1870-1930	1930-1990	1990-
①世界資本主義の段階	帝国主義的	自由主義的	帝国主義的	自由主義的	帝国主義的
②ヘゲモニー国家		英　国		米　国	
③マルクス主義的な段階論	重商主義	自由主義	帝国主義	後期資本主義	新自由主義
④資　本	商人資本	産業資本	金融資本	国家独占資本	多国籍資本
⑤世界商品と生産形態	繊維工業（マニュファクチャー）	軽工業（機械生産）	重工業	耐久商品（フォーディズム）	情　報（ポスト・フォーディズム）
⑥国　家	絶対主義王権	国民国家	帝国主義国家	福祉国家	地域主義

＊追記　1750年以前は，①は「自由主義的」段階，②はオランダ，⑥は共和政である．

図4　世界資本主義（近代世界システム）の歴史的段階

システムは、氏族連合体のようなものになります。一方、交換様式Bが優位にある場合、「世界＝帝国」になります。この場合、帝国の下で交易が発達する、つまり、交換様式Cあるいは貨幣経済が発展するのですが、あくまで交換様式Bが優位にある。つぎに、交換様式Cが支配的となる段階では、「世界＝経済」ないしは「近代世界システム」となります。現在の社会はそれに属します。そして、その個別単位は、国民国家、より正確には、資本＝ネーション＝国家です。近代世界システムも歴史的に変容します。それを示したのが、**図4**「世界資本主義の歴史的段階」です。

ここで先ほど足早にふれた、帝国と帝国主義という問題をくわしく見てみましょう。簡単にいうと、交換様式C(貨幣経済、資本主義)が優位にあるような状態では、多数の民族や国家を統合する原理をそなえたものである帝国はできません。ここで帝国を作ろうとすれば、「帝国主義」になるほかないのです。たとえば、『帝国』を書いたネグリおよびハートも、帝国と帝国主義を区別してはいるのですが、その定義は不明確です。彼らは、一九九一年湾岸戦争の時期、米国はもはや帝国主義ではなく、帝国となったといいました。それは米国が単独の判断で開戦せずに、国連の承認を得ようとしたからです。しかし、その程度のことで、米国が帝国になったということはできません。そもそも、それ以降、米国は国連の反対を押し切って戦争をしています。要するに、「帝国」は近代世界システムにおいては成り立たないのです。現在帝国があるとすれば、せいぜい「資本の帝国」というような比喩的な意味での帝国にすぎません。

近代の帝国主義を理解するためには、それを近代以前の帝国との表面的な類似だけで考えていても埒があかない。それらの違いを、交換様式から見る必要があるのです。帝国の支配は、交換様式B(支配と服従)にもとづくものです。帝国は領土の拡大を目指すが、従属した諸国家に対して、貢納さえあれば、干渉しない。一方、近代の帝国主義が目指すのは、領土の拡張ではなく、交易の拡張、いいかえれば、交換様式Cの拡張です。それは、支配した地域に市場経済を浸透させ、それによって剰余価値を得るものです。

しかし、帝国主義にもさまざまな形態があります。最も多いのは、領土の拡張、資源の獲得を目指すものです。他方で、大英帝国のように、植民地化した諸国に対して自由貿易を強制するものの、政治的支配はしないというケースがあります。これは、しばしば「リベラル帝国主義」とも呼ばれています。つまり、これも帝国ではなく帝国主義なのです。アメリカの帝国主義もそのようなものです。

帝国主義は、たとえ他国への侵略や統治がなくなったからといって、消えるものではありません。たとえば、現在の新自由主義は、見境なく無限に交易の拡張を目指すものであり、その意味で帝国主義的なのです。したがって、帝国主義は資本主義経済と切り離すことができない。が、このことは、帝国主義をたんに資本主義経済の一段階として説明できるということにはなりません。帝国主義は、あくまで、国家間の関係に根ざすものです。これを理解するためには、世界史を、国家と資本という二つの主体を軸にして見なければなりません。

たとえば、マルクスの『資本論』では、資本を検証するために、意図的に「国家」が括弧に入れられています。彼の前にあった古典経済学では、アダム・スミスの『国富論』という書名が示すように、国家（ポリス）の経済が論じられています。だから、古典経済学は political economy（政治経済学）と呼ばれたのです。一方、マルクスの『資本論』には「政治経済学批判」という副題がついています。それは国家（ポリス）の要素を括弧に入れて、資本主義経済を見ることを意味します。

第一に、『資本論』では、資本家、土地所有者、賃労働者が三大階級としてとらえられています。マルクスによれば、労働者の賃労働から得られる剰余価値は、資本家（利潤）と地主（地代）に分配されることになる。しかし、剰余価値はまた「税」として国家に取りあげられます。そうだとすれば、国家官僚も一つの階級としてみなければならないし、税金という要素も重視されなければならない。実際、スミスの後を継いだ経済学者リカードの主著は、『経済学および課税の原理』なのです。しかし、マルクスは「税」を括弧に入れた。それは、徴税機構である国家をも括弧に入れるということです。それはまた、国家が経済に介入する面を捨象したということです。

第二に、マルクスが国家を意図的に捨象したのは、純粋に産業資本主義のメカニズムをとらえるためです。彼はそれをイギリスという一つの国家における資本主義経済をモデルとして考察しました。しかし、それはイギリス以外の世界を捨象することにはなりません。たとえば、イギリス以外の諸国の経済は、イギリスの輸出入においてあらわれるからです。また、世界資本主義は、各国の経済の総和というより、むしろイギリス資本主義において見いだされる。というのも、一九世紀半ばには、イギリスが資本主義経済において群を抜いて発展し圧倒的な優位にあったからです。

そのことは、あとでいうように、世界資本主義が、ヘゲモニー国家イギリスの下で、自由主義的段階にあったということを意味します。マルクスが『資本論』を書いたのは、この時期であり、おそらくそれはこの時期をのぞいては困難であったでしょう。事実、この時期がすぎると、大きな変化が生じました。帝国主義と呼ばれる様相が出てきたのです。『資本論』は、国家の経済政策や国家間の関係を捨象しているので、そのような要素が前面に出てくる事態には、簡単に適用できないのです。特に、マルクスの死(一八八三年)以後に顕著になってきた事態、金融資本や帝国主義の現象をうまく説明できない。そこで、マルクス主義者は『資本論』を再考・修正する必要に迫られた。ここで、マルクス主義者をはじめとする論客たちが、どのように帝国主義をとらえたかを検討してみます。

3　資本蓄積の三形式

一九世紀末に出てきた帝国主義について、最初に本格的に論じたのは、イギリスのホブソンで、つぎに、オーストリアのヒルファーディング、ドイツのカウツキー、さらに、ロシアのレーニンです。ここに、ホブソンと同時期に、日本で、幸徳秋水が独自に帝国主義を論じたことを付け加えておきたいと思います。彼は、『二〇世紀の怪物　帝国主義』(一九〇一年)において、帝国主義を軍国主義にもとづく領土拡張政策としてとらえました。この見方が、日本の帝国主義のありかたを反映したものであることは明らかですが、ホブソンらの理論も、それぞれ、自国の現実を反映しているのです。

ジョン・ホブソンは、帝国主義をイギリス資本主義の状勢から説明しようとしました。イギリスでは資本が過剰になり、海外投資に回された、それに伴って帝国主義的な政策がとられるようになった。そこで、ホブソンは、イギリスは経済政策を変えるべきだと提唱したのです。

すなわち、海外投資や金融投機ではなく、国内での消費と生産を促すようにすべきだと。これは今日、新自由主義への批判として説かれる主張と似ています。ホブソンによれば、帝国主義はイギリスの経済政策である。したがって、帝国主義をやめるためにはそれを変えればよい、また、変えることができる、ということになります。

つぎに、オーストリアのマルクス主義者、ルドルフ・ヒルファーディングは、帝国主義を金融資本から説明しようとしました。金融資本は、マルクスの『資本論』では扱われていない新しい現象でした。

マルクスは『資本論』で、資本の自己増殖(蓄積)の仕方として、つぎの三つの範式を指摘しました。(I)商人資本M—C—M′、(II)金貸し資本M—M′、(III)産業資本M—C—P—C′—M′です。以上を簡単に説明すると、商人資本は、貨幣で商品を買いそれを売って貨幣+αを得る。金貸し資本は金を貸すことによって貨幣+αを得る。さらに、産業資本は商品(原料・生産手段)のみならず労働力商品を買い、彼らが生産した商品を売って貨幣+αを得る。

マルクスの考えでは、商人資本や金貸し資本は、資本主義の「ノアの洪水以前からある」極めて古い形態でしたが、それらは近代の産業資本によって越えられ、その中の一契機として吸収されてしまった。たとえば、商人資本は商業資本となり、金貸し資本は銀行となったわけです。したがって、『資本論』では、産業資本が歴史的に優位に立った有様が描かれています。

しかし、現実には、その優位は続かなかった。金融資本が優位に立ったからです。つまり、商人資本や金貸し資本は、産業資本の中の一要素となったきりではなく、むしろ、金融資本として産業資本の上に立つようになったのです。この傾向はマルクスの死（一八八三年）以後に顕著になった。特に、ドイツやアメリカで。とはいえそのことは、産業資本の衰退を意味するものではありません。重工業のためには、巨大な資本の投下が必要であり、それには株式会社や銀行が不可欠なのです。かくして、銀行資本と産業資本が融合するようになった。

ヒルファーディングは、この現象を「金融資本」と名づけました。そして、金融資本を「資本主義の最高の段階」だと考えた。その理由はこうです。金融資本の段階で、生産は最高度に集積され社会化される。ゆえにそれは、社会主義の基盤を形成するものである。ヒルファーディングは、金融資本について、政治的レベルでは帝国主義をもたらすものだと洞察しましたが、それ以上帝国主義の問題を考察することはしませんでした。彼が考えたのはもっぱら金融資本のほうです。

一方、レーニンは基本的にヒルファーディングの金融資本論に従ったのですが、同時に、金融資本の支配が帝国主義として現れる面を強調しました。彼はこう述べています。《帝国主義とは、あるいは金融資本の支配とは、このような分離（貨幣資本と産業資本の分離）が巨大な規模に達している資本主義の最高段階である》（『帝国主義』岩波文庫）。ここでレーニンがいいたかったのは、金融資本の支配は必然的に、諸国家の争い、帝国主義戦争をもたらすということ、そして、さらには世界的な社会主義革命をもたらすということです。その意味で、帝国主義は、資本主義の「最高の段階」であるだけでなく「最後の段階」だということになります。

レーニンがそう考えたとき、具体的に次のような状況がありました。彼が『帝国主義論』を書いたのは、一九一六年、つまり、第一次大戦の最中です。彼は世界革命が生じることを予期していた。レーニンの帝国主義論はそのような展望にもとづくものです。実際、翌年にロシア革命が起こりました。ただし、革命は、結局ロシアにだけしか起こらなかった。「世界同時革命」は起こらなかったのです。

とはいえ、ロシア革命は大きな影響を与えました。一つには、世界資本主義が一九二九年恐慌を経て、大不況期に入ったからです。失業問題を放置すれば、社会主義革命になるかもしれないという恐れが、各国の対応を強いたのです。その意味で、ファシズムであれ、アメリカのニューディール派(ケインズ主義者)であれ、ロシア革命の「効果」であるといえます。すなわち、彼らはそれぞれ、金融資本を規制し、また、富を再分配し、労働者を保護し内需を拡大する社会主義的政策をとるようになったのです。

また、ロシア革命の結果として、それまでむしろ誇らしげに語られていた帝国あるいは帝国主義という言葉が、否定的な意味に転じた。たとえば、ファシズムにおいても、帝国主義は否定されています。日本で唱道された「大東亜共栄圏」は、アジア諸国を西洋の帝国主義から解放すると唱するものです。このように、一九三〇年代には、金融資本主義も帝国主義も否定されたのです。むろん、実際にはあいかわらず帝国主義的であり、事実、それが第二次大戦に帰結したのですが、第一次大戦以前のように、帝国主義を公然と掲げる国はもはやなかった。逆に、どの国も表向きは帝国主義を否定したのです。

このような変化があったため、マルクス主義者は、ロシア革命以後の世界資本主義を新たに定義しようとしました。その一つが、次節でふれる消費社会論や後期資本主義論のような見方です。しかし、このような見方は、根本的に、資本主義経済の発展を生産様式の発展から見ることにもとづいています。つまり、リニアな発展として。そのため、あいかわらず「最高の段階」という議論がなされることになります。

4 ヘゲモニー国家の経済政策

ここまでに紹介してきたような帝国主義理解では、「帝国主義的」な段階について、十分に理解できないと私は思います。何度も指摘したように、帝国主義は、資本主義経済だけでは説明できない。それを見るためには、国家という要素を無視することができないのです。その点で、宇野弘蔵の認識が重要であると考えます。ヒルファーディングを始め、多くのマルクス主義者は、マルクスの死後、資本主義は変わったと考えた。そしてその変化に即して『資本論』をどう修正するかを考えた。しかし、宇野はそうしなかったのです。彼は、『資本論』は何よりも資本主義経済というものの本質を純粋なかたちでとらえた仕事であるとみなし、それを理論的にいっそう純化しようとしました。

その一方で、彼は、現実の資本主義が歴史的な段階によって変化することを「段階論」として把握しようとした。そして、彼はそれをイギリスという国家の「経済政策」の変化としてとらえたのです。そこには、重商主義、自由主義、帝国主義という段階があります。さらに、宇野は、帝国主義段階はロシア革命までとするべきであり、それ以後は「現状分析」の課題だと考えました。

ここで注意したいのは、宇野が資本主義の歴史的段階を経済政策という観点から考えたとき、資本だけでなく、国家を考慮にいれたということ、つまり、資本と国家を同時に考慮したということです。しかし宇野は、経済学者としての領分を超えて国家について語ることを慎んだため、国家についてはそれ以上述べなかった。その結果、宇野派の経済学者は宇野の真意をとらえそこねてしまった。そして、宇野の段階論を、たんに資本主義一般の歴史的段階として受け取ったのです。

たとえば、カナダ人の宇野派の学者、ロバート・アルブリットンは、ロシア革命以後の段階をコンシューマリズム（消費社会）と命名しています。しかし、これは宇野の考えとは異なります。なぜなら、消費社会は国家の「経済政策」とはいえないからです。また、そのかわりに、後期資本主義 late capitalism といっても、似たようなものです。このような思考は、生産力の発展にもとづく歴史的発展段階の見方であって、そこからは、宇野が「経済政策」というかたちで導入した国家の要素が抜け落ちてしまいます。

重要なのは、宇野がいう「資本主義の歴史的段階」とは、国家の経済政策、しかも、イギリスのようなヘゲモニー国家の経済政策であるということです。自由主義段階といっても、自由貿易主義をとったのはイギリスだけで、他の国は保護主義あるいは重商主義的でした。したがって、世界資本主義の段階は、たんに政治的でもない、また、たんに経済的でもないような観点から見る必要があることがわかります。つまり、資本と国家を同時に、いわば双頭の主体として考えることが必要なのです。

その点で、私は歴史学者ウォーラーステインから多くの示唆を受けました。彼は、資本主義を国家から切り離さなかった。彼の考えでは、自由主義とはヘゲモニー国家がとる経済政策です。そして、帝国主義とは、ヘゲモニー国家が衰退して、多数の国が次のヘゲモニーの座をめぐって争う状態です。さらに、ウォーラーステインは、近代の世界経済の中で、そのようなヘゲモニー国家は三つしかなかった、という。オランダ、イギリス、そして、アメリカ(合衆国)です。

先ほど述べたように、宇野は資本主義の歴史的段階、すなわち、重商主義、自由主義、帝国主義を、国家の経済政策からみようとしました。これは鋭い認識ですが、彼の限界は、それをイギリスの経済政策としてだけ見たことにあります。たとえば、彼はイギリスよりも前に、オランダが自由主義政策をとったことを見ていない。オランダがそうしたのは、ヘゲモニー国家であったからです。その時期のイギリスは、オランダに対して、重商主義(保護主義)的政策をとらねばならなかった。

以上を示すのが、**図4**(一四二頁)です。ここで追加的に説明しておきます。第一に、私は歴史的段階の移行を六〇年の単位で見ています。つまり、一つのヘゲモニー国家が存続するのは、六〇年だということです。そのあと、ヘゲモニー国家が不在の時期が六〇年続く。したがって、一二〇年で、循環することになります。私の考えがウォーラーステインと異なるのは、この点です。

第一に、ウォーラーステインは歴史的段階を、コンドラチェフの景気循環(長期波動)にもとづいて、約五、六〇年としています。しかし、私の考えでは、ヘゲモニーの移動に関しては資本だけでなく国家を考慮せねばならない。そうすると、図に示したように、ほぼ六〇年の周期と見てよいのではないか、と思うのです。第二に、ウォーラーステインは第一次大戦以後については、なぜかほとんど考察していません。ゆえに、二〇世紀後期に生じた「帝国主義的段階」を見ようとはしない。

ここで、**図4**に関して補足しておきたいのは、つぎのような点です。ヘゲモニー国家であった時期のオランダは自由主義的で、政治的にも共和政でした。同時代のイギリスが保護主義、絶対王政であったのと対照的です。たとえば、首都アムステルダムはデカルトやロックが亡命し、ユダヤ人共同体から破門されたスピノザが安住できたような、当時のヨーロッパで例外的に自由な気風の都市でした。これは、いわば、イギリスがヘゲモニー国家となった時期のロンドンにマルクスが亡命していたのと相似する現象です。また、スコットランドの人々は数世代にわたって、大学教育を受けるためにオランダに行くようになった。これが一八世紀末のスコットランド啓蒙主義をもたらし、さらに、イギリス工業の劇的な発展をもたらしたといえます。つまり、イギリス人はオランダから学んだのです。

その間、イギリスはオランダに対して保護主義政策をとり、製造業を育成した。その結果、産業資本が発展したわけですが、それですぐに、イギリスがヘゲモニー国家になったわけではない。オランダが没落し、新たなヘゲモニーの座をめぐって各国が争う時代があったからです。宇野弘蔵が重商主義段階と呼んだのはむしろ、このような時代です。しかし、これは実は「帝国主義的」な時代であった。ヘゲモニー国家が不在の時代ですから。

一八世紀の帝国主義的段階で、ヘゲモニーを争ったのはイギリスとフランスです。それがフランス革命およびナポレオン戦争の背景にあったのです。そしてイギリスはナポレオンの敗北の後、すなわち、一八一〇年以後にヘゲモニーを確立しました。イギリスの自由主義はそのとき始まった。マルクスが『資本論』を書いたのは、この時期のイギリスにおいてです。つまり、「自由主義的」な段階です。だから、先に述べたように、主としてイギリス経済を対象としても、それはイギリスを通じて世界資本主義を見ることでありえたのです。一方、彼に先行するスミスやリカードの「政治経済学」は、「帝国主義的段階」、したがって、重商主義が優位であった段階でなされた仕事です。むろん、彼らの仕事は重商主義批判を目指すものでした。

しかし、一九世紀後半、特にマルクスの死（一八八三年）以後の時代には、イギリスのヘゲモニーが揺らぎ、新たなヘゲモニーの座をめぐる争いが生じました。それが一般にいわれる「帝国主義」なのです。具体的にいえば、下降気味のイギリスに対して、新興のドイツとアメリカ、ロシア、さらに日本が次のヘゲモニーをめぐって争った。その結果が第一次大戦であり、それを通して、アメリカが事実上、ヘゲモニーを得たわけです。ただし、それはすぐに自由主義的段階には進まなかった。それに対して、ドイツと日本が抵抗したからです。それが第二次大戦に帰着しました。しかし、それはアメリカのヘゲモニー、したがって、世界資本主義の自由主義的な段階をより強固なものとする結果に終わったのです。

5　ヘゲモニー国家の交替

ここで、ヘゲモニー国家がいかにして交替するのかを考えておきましょう。ヘゲモニーは軍事的・政治的な要因に規定されるように見えますが、究極的には、経済的な要因に規定されます。というのも、近代世界システムにおいては、国家の「力」は、結局、経済的な「力」にもとづくからです。したがって、これを資本蓄積の観点から見る必要があります。

ウォーラーステインは、一国がヘゲモニーを確立するのは、つぎのような順序であるといいます。まず、ヘゲモニーを得るのは、生産部門であり、それから、商業部門、さらに、金融部門です。もっと具体的にいうと、先ず、農＝工業における生産効率の点で圧倒的に優位に立った結果、世界商業の面で優越することができる。つぎに、それは金融部門でのヘゲモニーをもたらす。

これは、資本の蓄積という観点から見ると、つぎのようになります。私は先に、三つの形態を区別しました。商業や金融は、第一（商人資本）、第二（金貸し資本）の形態であり、太古から存在します。産業資本は第三の形態であり、近代に出現したものです。ところが、資本は、第三の形態において頂点を極めると、むしろ第一と第二の蓄積形態をとるようになるのです。つまり、資本は、産業資本のように技術革新によって差異＝剰余価値を得るよりも、現にある差異から剰余価値を得るほうに向かう。

重要なのは、この現象がとりわけヘゲモニー国家に生じることです。ウォーラーステインによれば、ヘゲモニーの座は移ろいやすいものです。ヘゲモニーは確立されるやいなや、没落しはじめるのです。彼はこう述べています。《特定の中核国が、同時に、生産・商業・金融の三次元すべてにおいて、あらゆる中核国に対して優位を保っているような状態は、ほんの短い期間でしかありえない》（『近代世界システムII　重商主義と「ヨーロッパ世界経済」の凝集　一六〇〇―

一七五〇』名古屋大学出版会)。これは、ある国が全領域でヘゲモニーを得ることがあっても、それがまもなく失われるほかない、ということを意味します。と同時に、生産においてヘゲモニーを無くしても、商業や金融においてヘゲモニーは維持されうることをも意味します。

実際、自由主義時代のオランダがそうでした。オランダはまず製造業で覇権を握り、それによって、商業と金融の覇権を握るようになった。しかし、全領域で覇権をもった期間は短い。先ず繊維工業を中心とする製造部門で、その間保護主義をとっていたイギリスに追い抜かれた。しかし、商業・金融におけるヘゲモニーはその後も維持しました。一方、イギリスは製造部門で覇権を握って「世界の工場」となり、やがて商業・金融の領域でもオランダを凌駕するようになった。そして、全部門でヘゲモニーを握った。それがイギリスの「自由主義」時代です。

しかし、それとともに、イギリスはまもなく製造部門では後退していきました。一八七〇年以後、重工業の部門で、ドイツやアメリカに遅れをとったのです。むろん、イギリスは、海外投資と金融の部門では圧倒的な優位を保ったし、また、軍事的にも「世界の七つの海」を支配していました。にもかかわらず、ヘゲモニー国家としては没落する過程にあったのです。

ここから、一九世紀末の帝国主義あるいは金融資本についてふりかえって見たいと思います。

第三節で述べたこととも重複しますが、ここではヘゲモニーの交替、つまり国家という観点からそれらを再検討します。ヒルファーディングは、銀行資本と産業資本が融合した状態を、金融資本と呼びました。それは特にドイツやアメリカで発展したものです。重工業のためには、巨大な資本の投下が必要であったからです。イギリスではそのようなことが起こらなかった。だから、ヒルファーディングがいう「金融資本」は、ドイツやアメリカに特徴的なものです。つまり、それは、ヘゲモニー国イギリスに対して後進的である国家が、重工業を中心にして、国家資本主義的政策をとったことから来ているのです。

一方、ホブソンはイギリスを対象として「帝国主義論」を書きました。イギリスでは、過剰となった資本はもっぱら海外投資や金融投機に向けられ、国内重工業の育成には向かわなかった。それはまた、イギリスは製造部門では衰退する過程にあったが、依然、世界商業・金融の圧倒的な中心であったということを意味するのです。それに対して、ドイツやアメリカの金融資本は、産業資本を飛躍的に引き上げ、生産の社会化において画期的な役割を果たした。その意味で、金融資本は、ヒルファーディングがいったように、「資本主義の最高段階」ということになります。

しかし、それは一定の地域に、一定の時期に可能であっただけです。ホブソンがイギリスに関して見いだしたのは、資本が、産業資本に投資するより、海外投資や金融投機に向かったことです。それが帝国主義である、と彼はいう。そして、このことは、今日の米国の資本、あるいは、「新自由主義」についてもあてはまります。

レーニンはヒルファーディングを批判し、彼はホブソンのように帝国主義の「寄生性と腐朽性」を見なかったといいます。しかし、彼らの違いは、一方(ホブソン)は、没落しかけたヘゲモニー国家イギリスを考察の対象とし、他方(ヒルファーディング)は、次のヘゲモニーの座を狙ってイギリスを追い上げたドイツとアメリカを考察の対象としたことにもとづくのです。それなら帝国主義を典型的に示すのはいずれなのか、と問うことは不毛です。というのは、帝国主義的な段階は、それらの国が次のヘゲモニーの座をめぐって争う状態であるからです。くりかえすと、帝国主義的な時代は、ヘゲモニー国家が不在となり、諸国が次の座をめぐって争う時代です。だから、それは再び戻ってくるのです。

6　自由主義と新自由主義

アメリカがヘゲモニー国家となったのは、第一次大戦後です。それによって、それまでの帝国主義的段階は終わった。その結果、イギリスはヘゲモニー国家として没落し、それがアメリカに継承されたのです。ヘゲモニー国家が確定したという意味で、第一次大戦以後の世界は、「自由主義的な」段階です。

むろん、アメリカのヘゲモニーに対しては、ドイツや日本の抵抗があり、それが第二次大戦となった。また、それ以後は、ソ連による抵抗がありました。しかし、それはアメリカのヘゲモニーを脅かすことにはならなかった。むしろ、それはアメリカをヘゲモニー国家とする世界システムを補完する役割を果たしたというべきです。

たとえば、第二次大戦で疲弊した先進資本主義諸国は、アメリカの援助を受け、あるいは、アメリカの開かれた市場に依拠しながら、経済的発展を遂げたのです。彼らはソ連圏を共通の敵とすることで協力しあいました。さらに、ソ連圏の存在は、資本主義諸国における労働者の保護や社会福祉政策を推進させた。また、ソ連圏の存在は、それまで植民地ないし半植民地下にあった低開発諸国の独立を推進する力となりました。ソ連圏という「第二世界」の存在によって、「第三世界」が可能となった。彼らは第一世界と第二世界の間に立ち、国連に依拠して活動しました。

「米ソ冷戦構造」とは、アメリカのヘゲモニーの下に成立した世界システムです。冷戦とは文字通り、熱い(武器を用いた)世界戦争がなくなった状態を意味しています。むろん、各地で民族独立戦争やさまざまな戦争があった。が、それらは「米ソ」、さらに「国連」の管理下にありました。いつも世界戦争の危機がいわれましたが、それは実際にはなかった、といってよい。自由主義的段階では、ヘゲモニー国家が存在するため、戦争は抑制されるのです。

また、ヘゲモニー国家はその内部において、福祉の充実をはかる傾向があります。アメリカが福祉国家を目指したのは、ソ連に対抗しようとしたからだけではありません。それはむしろアメリカがヘゲモニー国家であったからです。かつて、オランダもイギリスも、ヘゲモニー国家であった時期、外に対して自由主義的政策をとるだけでなく、同時に、国内での社会福祉に力を入れていました。ウォーラーステインは自由主義についてこう述べています。《ヘゲモニーを握った強国が圧倒的に優位に立つに至った時代は、好んで国内に目を向けた時代であったといえよう》(前掲『近代世界システムⅡ』)。

自由主義の段階において、ヘゲモニー国家では、資本＝ネーション＝国家という三位一体のシステムが効率よく機能します。それはつぎのような仕組みです。自由な資本主義経済によって経済成長が生じるが、それにともなって階級格差が生じる。それに対して、ネーションが平等主義を要求し、国家が課税と再分配によってそれを実現する。それが福祉国家なのです。

くりかえすと、アメリカは強力なヘゲモニー国家であった時期には、福祉国家でした。それを放棄するようになったのは、徐々にヘゲモニーが弱まったからです。その始まりは、戦後ドイツと日本の急激な成長によって、製造部門で後退するようになったことです。アメリカのヘゲモニーの没落が最初に示されたのは、一九七一年のドルの金兌換制停止においてです。むしろん、アメリカは製造部門で没落しても、金融部門や商業部門(石油や穀物その他原料やエネルギー資源にかんする)では依然として強かった。さらに、軍事的に圧倒的な優位を保持した。そのため、アメリカのヘゲモニーが低落したことが目立たなかったのです。

アメリカの産業資本(製造業)を追いつめたのは、労働賃金の上昇と耐久消費財の飽和です。

その結果、一九七〇年代に、一般的利潤率の低下が顕著となった。そこで、アメリカの資本は活路をグローバルな市場に求めたのです。つまり、それまで資本主義市場に入っていなかった「外部」を取り込もうとした、たとえば、中国やインドを。それがグローバリゼーションと呼ばれる現象です。また、それまでの金融資本への規制を解除し、社会福祉を削減し、資本への税や規制を縮小するようになった。

一九八〇年代以降のアメリカの経済政策は、新自由主義と呼ばれています。しかし、新自由主義とは、実は、それまでの自由主義の延長線上にあるのではなく、その否定なのです。それでいてまた、これは全く新しいものでもない。一九世紀末にイギリスにも同様の政策の転換がありました。それが当時「帝国主義」と呼ばれたものです。ただし、その時期「帝国主義」という言葉は否定的な意味をもたなかった。そして、その内実は、今日の「新自由主義」と似ています。というより、新自由主義は新帝国主義と呼ぶべきものなのです。

また、新自由主義は一国が選択する経済政策であるとはいえません。つまりそれは、よくないものだからやめよう、というわけにはいかないのです。また、一国だけがそれから遁れるというわけにはいかない。その意味でも、帝国主義と同じです。したがって、私は新自由主義を、世界資本主義の一つの歴史的段階であると見なします。

ここで、一九世紀末の帝国主義をもう一度ふりかえって見ます。先に、私はハンナ・アーレントが帝国主義に関して優れた認識をもっているといいました。それは、一つには、彼女が、帝国主義の特徴をイギリスの文脈で見ようとしたことから来ている、と私は思います。ドイツやアメリカ、日本その他の国で見ると、帝国主義はナショナリズムと結びつけられます。しかるに、イギリスの場合、それとは逆の傾向が見られるのです。つまり、イギリスでは、帝国主義とは、資本が海外に向かい、国民＝ネーションを切り捨てることであった。

アーレントは、帝国主義において、ブルジョアジーが初めて政治的な権力を握ったといいます。《ヨーロッパ自体においては、ブルジョアジーの政治的解放が帝国主義時代の国内政治上の中心的出来事だった。それまではブルジョアジーは経済的には支配的地位にあったものの、政治的支配を狙ったことは一度もなかった》(『全体主義の起原』第二巻、みすず書房)。たとえば、フランス革命はブルジョア革命(市民革命)だといわれますが、それはブルジョアジーが権力をもったことを意味しない。革命が実現したのは、ネーション(国民)の独立です。ところが、帝国主義時代には資本(ブルジョアジー)が初めて支配的な地位を得た。

別の観点からいうと、それは、国家がネーションを配慮する制約から解放された、ということです。すなわち、国家＝資本は、ネーションの平等主義的な要求から解放された。平たくいえば、社会福祉などやる必要はない。労働組合のいうことなど聞く必要はない。資本の独裁、それがイギリスの「帝国主義」の内実です。もちろん、このような過程は、そもそも自由主義的でなかった同時代の他の国では、それほど目立ちません。

しかし、この時期イギリスで起こったことは、現在、新自由主義として、先進資本主義国に起こっていることと同じです。これはまた、中国やインドでも起こっています。中国に関して、デーヴィッド・ハーヴェイは、「中国的特徴をもった社会主義」という言葉をもじって、「中国的特徴をもった新自由主義」と呼んでいますが。

簡単にいえば、企業は、賃金の安い労働者を求めて海外に移動する。資本の国際競争のためには、人々の生活は犠牲にされてもやむをえない。その意味で、新自由主義のイデオロギーは帝国主義のそれと類似してきます。帝国主義時代に支配的なイデオロギーは、弱肉強食という社会的ダーウィニズムでしたが、新自由主義時代にもその新版があらわれた。たとえば、勝ち組・負け組、自己責任、といった言葉が公然と語られるようになったのです。労働者は正社員、パートタイマー、失業者という位階に分断された。それは自由競争による自然淘汰の結果として当然視される。

しかし、一九世紀末にはじまる帝国主義の場合、資本がネーションを犠牲にするようなことは、第一次大戦以後通用しなくなりました。一つには、ロシアで社会主義革命が起こり、それが世界各地に飛び火したからです。また、諸国家も、民族自決を掲げ、帝国主義を否定するようになり、また、国内でも労働者・農民を保護する政策をとらねばならなくなった。それはニューディール政策(ケインズ主義)あるいはファシズムというかたちをとりました。ファシズムとは、社会主義に対する反革命ではなく、対抗革命counter-revolution、すなわち自ら革命を行うものです。このように、第一次大戦後には、それ以前の帝国主義が否定された、ということができます。

その結果として、アメリカのヘゲモニーにもとづく自由主義的な段階が成立したのです。それが終りを告げたのは、一九八〇年代に顕著になったアメリカの産業資本の衰退です。さらに、一九九〇年ごろに起こったソ連圏の崩壊。この出来事は当時、アメリカの自由民主主義の全面的な勝利、「歴史の終焉」のように見られたのですが、まったく違います。このあとに生じたのは、第一次大戦以降否定されてきた「帝国主義」の復活なのです。もちろんそのような評判の悪い言葉が使われることはけっしてありません。そのかわりに、新自由主義といっているのです。資本=国家は、もはや遠慮容赦なく、労働運動を抑圧し、社会福祉を削減するにいたった。こうして、各国で資本の独裁体制ができあがったのです。

また、アメリカのヘゲモニーの没落とともに、各地に「地域主義」的なブロックが生じました。その口火を切ったのはヨーロッパ共同体です。これはある意味で、旧帝国の回復ですが、この頃、各地で旧帝国が復活して来たのです。たとえば、ソ連邦は崩壊したあと、自由・民主主義に向かったというよりも、旧ロシア帝国が復活したように見えます。さらに、それまで第三世界にあった中国、インド、さらに、イランも、旧帝国の輪郭をもって浮上してきました。

さらに、ここで、「第三世界」について考察しておきます。第三世界という語は今も、後進国ないし地域の意味で使われることがありますが、本来そういうものではない。これは第一世界(アメリカ)と第二世界(ソ連)があったときに成立したものです。

インドの思想家ヴィジャイ・プラシャドは《第三世界は場所ではない。プロジェクトである》と述べています(『褐色の世界史』水声社)。このプロジェクトはたんに、これまで植民地下にあった諸国が独立し、西洋先進国と並ぶようになるということではありません。それまで前近代的であるとして否定されてきたものを高次元において回復することによって、西洋先進国文明の限界を乗り越えようとするものです。このような理念がなくなれば、「第三世界」は消滅するほかありません。だから、現に消滅したのです。

しかし、第三世界の存立は、たんに理念のあるなしにかかっているわけではありません。第三世界が存在しえたのは、自由主義的な段階においてです。彼らは米ソの間に立ち、国連に依拠して活動した。したがって、一九九〇年以後は、第三世界は消えるほかなかったのです。かつて第三世界と呼ばれた諸国の一部は、中国・インドのように経済発展を遂げて、つぎのヘゲモニーを狙う位置に立っていますが、大半は、新自由主義(新帝国主義)の下で、多国籍資本に支配され、それまでにあった産業・文化をうしない、貧窮化あるいは難民化しています。

一方、中東あるいはイスラム圏でも基本的には同様です。かつてエジプトのナセルがいた時期、「第三世界」運動は世俗的な社会運動でした。が、それは、「第三世界」が衰退・没落するとともに変わってきた。イランのイスラム革命(一九七九年)をはじめとして、政治運動は宗教の形態をとるようになりました。中東における宗教的原理主義は、伝統的なものではなく、第三世界の消滅によって生じたものだといえます。

　ここで、第三世界ではないが、米ソの間で「第三の道」を追求した国について触れておきます。それは第二次大戦後のフランスです。フランスはド・ゴールの下で、米ソの間に立つ「第三の道」を取ろうとした。それは「第三世界」と無関係ではありません。むしろ第三世界を支援するものです。

　それはたんに政治的な戦略に限られるものではなかった。むしろ、フランス的な「第三の道」は文学・思想において顕著であり、広い影響力をもったのです。たとえば、サルトルがいう「実存主義」は、いわば資本主義(アメリカ)でも社会主義(ソ連)でもない、第三の立場を意味しました。その後、サルトルを批判するような思想が出てきましたが、事実上、それらも同じようなスタンスをとっています。中でも、デリダは、西洋の形而上学に存する〝本質と現象〟というような二項対立を脱構築(ディコンストラクト)することを追求した。しかし、そのような哲学がアクチュアリティをもったのは、それが西洋の形而上学というよりも、米ソ冷戦時代の「二項対立」を脱構築することを含意していたからです。

　しかし、このようなフランスの「現代思想」がもった輝きは、冷戦構造が終わった一九九〇年代以降、急速に薄れていきました。政治的には、フランスは二〇〇三年、アメリカのイラク侵攻に反対しました。しかしそれ以降、そのような態度をとることはなくなった。今やフランスは、「テロとの戦争」を唱えるアメリカと共闘するようになったのです。

7　歴史と反復

帝国主義的な段階は、ヘゲモニー国家の不在として特徴づけられます。つまり、次のヘゲモニーをめぐる熾烈な角逐・闘争が続く。その点で、一九九〇年以後の「新自由主義」の時代は、一八七〇年以後の「帝国主義」の時代と類似するわけです。さらに、この二つの時代が類似するのは次の点です。

先ほどいったように、「自由主義的な段階」、つまり、一八七〇年までは、旧世界帝国（清朝、ムガール、オスマン、イラン）が健在でした。しかし、帝国主義段階に入ると、これらは帝国主義の列強によって解体されていったのです。自由主義的段階では、交易さえ確保できればよいので、旧帝国を滅ぼすところまで行かなかったのですが、帝国主義的段階では、海外への投資が鉄道設置や資源開発のように現地の一層の統治を必要とするので、旧来の帝国を解体するようになったのです。

以来、旧世界帝国に属していた諸民族は、「第二世界」ないし「第三世界」に属するようになったわけです。しかし、第二世界（ソ連圏）の崩壊とともに、「第三世界」も崩壊した。それにかわって、一九世紀まであった旧帝国がさまざまな形をとりながら、復活して来たのです。

現在を一九三〇年代と比べる見方が今なお根強くありますが、それは歴史的段階の違いを見ないものです。一九三〇年代には完全に無力な状態におかれていた、中国、インド、その他が、今や経済的な強国として現れています。また、かつてオスマン帝国やイランであったところも、いわばイスラム圏として復活して来ているのです。

重要なのは、歴史的段階としての新自由主義が、かつての帝国主義と類似するだけではなく、同一の空間において生起するということです。だから、「歴史の反復」というべき事態が生じるのです。少なくとも東アジアにおいて、そのことは明瞭です。たとえば、現在、中国・日本・南北朝鮮の間には、かつて日清戦争の時期にあったのと構造的に同じ状況が存在しているからです。

日清戦争のころの中国は、もともと帝国である上に、アヘン戦争以後の軍近代化を経ていて、日本にとっては強敵でした。また、日清戦争にいたるそもそもの原因は、朝鮮王朝における二つの派、つまり、日本側に立って開国しようとする派と、清朝の支援を受けて鎖国を維持しようとする派の対立にありました。それは、いわば〝南北〟朝鮮の対立です。つぎに、台湾は日清戦争のあと、清朝が賠償として日本に与えたものです。

これらが今も東アジアの地政学的構造を作っていますが、それだけではありません。一九世紀末には、ロシア帝国が中国・朝鮮に迫っていました。だから、日清戦争の後に日露戦争が起こったのです。そして、その戦争のさなか、第一次ロシア革命が起こった。さらに、よく見落とされてしまうのは、この時期、米国がすでに太平洋を越えて東アジアに存在していたということです。米国はハワイ王国を滅ぼし、つぎにフィリピンに向かっていた。日清戦争当時、米国は日本と手を結んでいました。それに加えて、日露戦争後には、日本が朝鮮を優越支配し米国がフィリピンを領有するという秘密協定（桂‐タフト協定）があったのです。

以上の点で、現在の東アジアの地政学構造が反復的なものであることは明らかです。私はこのことを昔からいっているのですが、東アジアの状況に関しては、いつも第二次世界大戦前、つまり、一九三〇年代の状況と比較されます。それらが現在につながっていることは確かですが、一九三〇年代のことばかりを言うことで、一二〇年前、すなわち一八九〇年代のことが忘れられてしまうことが問題です。一九三〇年代には、今述べたような地政学的構造はなかった。たとえば、南北朝鮮はなく、台湾もなく、中国も内部で分裂していた。したがって、その時期を見ることは、現在に関して何の示唆も与えません。

くりかえすと、現在の東アジアの地政学的構造が形成されたのは、日清戦争(一八九四年)のころです。さらに、そのような構造をもたらしたのは、日清戦争の時期に日本がとった選択でもありました。それは福沢諭吉がいった「脱亜入欧」路線です。といっても、日本がとったのは、福沢自身の意図とは違って、「欧」と共に「亜」に侵入すること、すなわち、帝国主義でした。ところが、現在でも、日本は日清・日露戦争まではよい国だったのに、日露戦争後に帝国主義に向かったかのように勘違いされています。現在の東アジアの状況を理解するためには、日清戦争の時期に遡って見なおさないといけないのです。

日本以外に、もう一つの例をあげましょう。日清戦争と同じ一八九四年に、フランスでドレフュス事件が起きました。これはフランス軍の軍法会議が参謀本部のドレフュス大尉をドイツに軍事機密を漏洩したかどで流刑に処した事件に始まり、一〇年あまり続いた出来事です。この事件の背景には、第一に、フランスが一八七一年プロシアとの戦争に敗れて以後、帝国主義に向かったことがあります。敗戦後アルザス・ロレーヌをドイツに割譲したあと、フランスの資本は工業生産に向かうことができないために、海外投資に向かった。その意味では、イギリスの資本と似ています。また、一八八〇年以後、チュニジアやインドシナを獲得して、イギリスに次ぐ広大な植民地を領有するにいたったのです。

第二に、ドレフュスのことが大事件となったのは、彼がユダヤ人であったため、反ユダヤ主義のキャンペーンに使われたからです。実は、真犯人がいたことが判明したにもかかわらずそのことは不問に付され、反ユダヤ主義、愛国主義的右翼、強固な軍部による対独復讐をうたう軍国主義者などが台頭することになった。他方でそれは、ユダヤ人のシオニズムに大きな影響を与えたといえます。フランスおよびヨーロッパのユダヤ人がエルサレム(パレスティナ)への帰還に固執する路線に転じたのは、一八九七年に開かれた第一回シオニスト会議でのことです。それまでは、帰還先はどこでもよい、それを決めるのは神であって、人ではないという考えが支配的でした。今でも、パレスティナでのイスラエル建国は正しくなかったと考えるユダヤ教徒は少なくありません。

　イスラエルの建国が強行されたのは、中東に拠点を作る米国の戦略によるものです。しかし、そのことが中東に、西欧に固有の「ユダヤ人問題」を転嫁し、注入することになった。オスマン帝国の時代には、そんなものはなかったのです。たとえば、ユダヤ人やキリスト教徒が大臣をしていました。先ほどいったように、中東における宗教的原理主義は、「第三世界」の理念が消滅したあとに生まれたものです。が、それは、ある意味で、イスラエルのシオニズムに類似しています。たとえば、イスラム国（ＩＳ）が建設されたのは、イスラム圏の伝統を踏襲するようにみえてもそうではなく、むしろイスラエル建国の模倣であるといえます。

　興味深いのは、近年フランスで起こっているイスラム過激派のテロリズムとそれに対する世論の反応が、一二〇年前と類似することです。むろん、かつては〝ユダヤ〟が標的となったのに、今は〝イスラム〟が標的です。しかし、これはドレフュス事件の結果として生まれたことが、一二〇年後にフランスに回帰してきたものだ、といえるでしょう。

　しかし、私がここでいいたいのは、出来事の類似性ではありません。重要なのは構造的な類似性です。それが反復性をもたらすのです。したがって、出来事が類似しているからといって、それが反復的なものであるとは限りません。たとえば、二〇〇八年に経済恐慌が起こったとき、人はすぐに一九二九年恐慌を連想し、一九三〇年代について語り始めました。たしかに景気循環は反復的なものですが、現在あるような不況は、三〇年代の不況とは異質です。現在の不況は三〇年代ほど深刻ではないし、かといって、三〇年代のように将来的に回復する見込みもありません。たとえば、三〇年代には自動車・電気製品などの大衆消費財の生産が始まっていました。それが第二次大戦後に「大衆消費社会」をもたらしたのです。

一方、現在は、ITの発展があっても、それは労働者の雇用を減らすことになるので消費の減退に帰結する。現在の不況はそのようなものですから、これに類似するのはむしろ、一九世紀末、重工業への発展によって、雇用・消費が減退したことから生じた慢性不況のほうです。要するに、図4（二四二頁）に示したように、現在は「帝国主義」時代に類似するのです。それなのに、三〇年代に類似するというまちがった類推にもとづいて解決を図ろうとするのは、不毛かつ危険です。

8 将来の展望

帝国主義的な段階とは、資本＝国家が次のヘゲモニーをめぐって争う段階だといいました。そこで、最後の問題は、没落しつつあるアメリカに代わって、新たなヘゲモニー国家となるのはどこか、ということです。それが日本でもヨーロッパでもないことは、確実です。人口から見ても、中国ないしインドということになります。しかし、次の点に注意しなければならない。それは、中国やインドの経済発展そのものが、世界資本主義の終りをもたらす可能性があるということです。

資本は自己増殖ができないなら死ぬ。すなわち、産業資本は成長しないかぎり、終わってしまうのです。私は資本蓄積の三つの形態を指摘しましたが、やはり、その中でも、産業資本的な蓄積が肝腎です。金融や商業はそれにもとづいているにすぎない。産業資本的な蓄積(成長)がなければ、資本主義は終わります。

そして、産業資本の成長は、つぎの三つの条件を前提としています。第一に、産業的体制の外に、「自然」が無尽蔵にあるという前提です。第二に、資本制経済の外に、「人間的自然（人間という自然）」が無尽蔵にあるという前提です。第三に、技術革新が無限に進むという前提です。しかし、この三つの条件は、一九九〇年以後、急速に失われています。

世界資本主義は一九七〇年代に一般的利潤率の低下に襲われた。中国やインドの経済発展によって、そこから脱出できたように見えますが、実際にはそうではない。むしろ中国やインドの経済発展が、世界資本主義の限界を露呈しはじめたのです。

それはたんに、資源の払底や自然環境の破壊をもたらすだけではありません。産業資本主義の条件そのものを消滅させつつあります。世界の農業人口の過半数が中国とインドに存在したのに、それらが急速に消えつつある。それは新たなプロレタリア＝消費者を供給する源泉の枯渇を意味します。それは世界資本主義にとって致命的です。

もちろん、経済成長あるいは資本蓄積の終りは、人間の生産や交換の終りを意味しません。資本主義的でない生産や交換は可能であるから。しかし、資本と国家にとっては、これは致命的な事態です。資本の弱体化は国家の弱体化でもあります。それゆえ、国家は、何としてでも資本的蓄積の存続をはかるでしょう。資本は自己増殖ができないなら、死にます。しかし、是が非でも生きながらえようともがくので、放っておけば静かに死ぬというわけではありません。資本主義の安楽死はありません。今後、世界市場における資本の競争は、死にものぐるいのものになります。

といっても、それは、ただちに他の資本＝国家との戦争になるわけではありません。あるいは、ヘゲモニーを争う諸国の戦争が生じるわけではない。ここで、二つの対立を区別する必要があります。一つは、先進資本主義的な諸国家間の対立です。これは一九世紀の帝国主義時代と同様に、互いに資源や市場を囲い込むことから生じるでしょう。それは「地域主義」という形での争いになります。

もう一つは、そのような先進諸国に対する低開発国の闘争です。それは、昔よくいわれたように、「北」に対する「南」の闘争といってもいいでしょう。しかし、もはや「第三世界」は存在しません。ゆえにこの闘争は宗教的なかたちをとることになります。

しかし、以上の二種類の闘争は、入り組んでいます。たとえば、低開発国からの反撃に対して、新自由主義（新帝国主義）的な諸国は連帯しますが、同時に相互に争う。他方で、低開発国は新自由主義諸国のヘゲモニー争いに巻き込まれて分断されます。ゆえに、連帯できないばかりか、互いに抗争します。このような混沌とした争いが、思いもよらぬ世界戦争に発展する可能性があるのです。

たとえば、第一次大戦の場合、それが始まった時点では、四年も続く戦争になると思った人はいなかった。各国が軍事同盟を結んでいたために、その連鎖が世界戦争に帰結したのです。日本も日英同盟があったため参戦しました。今後においても同じようなことがありえます。局地的な戦争はあっても、世界戦争はとうてい起こらないだろうと、いま人々は考えている。が、突発した局地的な戦争が世界戦争に発展する蓋然性は高いのです。

では、今後戦争が起これば、どうなるのか。そのことを考えるために、一九世紀末の帝国主義がどのように終わったかをふりかえってみます。先ほどいったように、それは、第一次大戦を機にして終わった。帝国主義的な段階は、この戦争のあと米国がヘゲモニー国家となることによって終わったわけです。むろん、帝国主義段階の終りを決定的にしたのは、それだけではなく、ロシア革命、さらに、国際連盟の発足です。そのことは、今後の世界について考えるとき参考になります。現在の新自由主義的段階も、やはり戦争を通して終息する蓋然性が高いからです。

しかし、それは最悪のシナリオです。現在の状況は、世界戦争を経なければ解決できないというわけではありません。真の解決はむしろ、世界戦争を阻止することによってこそもたらされるものだと思います。その場合、日本がなすべきでありかつなしうる唯一のことは、憲法九条を文字通り実行することです。私は第一章で、護憲勢力は憲法九条を護ってきたのではない、逆に憲法九条によって護られてきたのだと述べました。それは別に皮肉ではありません。実際に、日本人は憲法九条によって護られてきたのです。空想的リアリストは憲法九条があるために自国を護ることができないというのですが、われわれは憲法九条によってこそ戦争から護られるのです。

あとがき

私が憲法九条について考えるようになったのは、本書にも書いたとおり、湾岸戦争が始まった一九九一年頃です。というのも、そのとき、憲法の条文が初めて現実的な意味を帯びたように見えたからです。それまでも、自衛隊があるという状態は明らかに条文に反してはいたのですが、自衛隊は戦力ではないという「解釈」によって正当化されていました。ゆえに、憲法九条は特に争点にならずにきていたのです。

ところが、湾岸戦争で自衛隊が海外に派遣されることになったとき、それが九条に抵触するか否かということが問題になった。結局、それは国連の下でのPKO活動に限定されるので戦争行為ではないということで処理されたのですが、この時期から、憲法改正が必要だという議論が本格化したのです。それは主に、湾岸戦争での日本の自衛隊派遣が国際的な貢献として評価されなかったという理由からです。そこで、保守派の政党は、憲法九条があるかぎり、軍事レベルでの国際貢献は不可能だということを思い知ったのです。以来、憲法改正が彼らの悲願となりました。

湾岸戦争の時点でなされた憲法改正を正当化する議論は、別に目新しいものではありません。基本的には、昔からいわれてきたことです。それは、憲法九条は占領軍(米国)によって強制されたものである、ゆえに自主的に憲法を作るべきだというものです。他方で、九条の根本精神を維持しつつも、現状に即応して改定すべきだという意見もありました。いずれにせよ、日本の憲法は外から押しつけられたもので、自発的なものではないということ、ゆえに、自発的に憲法を作りなおすべきだということが主張されたのです。

これは現在でも存在する考え方です。それに対して、憲法九条に関して日本人がたんに受動的でなく、能動的に関与したという事実が指摘されてはいます。しかし、このような反論は、憲法九条は占領軍の強制がなければ成立しなかったのではないか、という疑問に納得のいく答えを与えるものではありません。湾岸戦争のころ、私が考えたのは、強制されたことと自主的であることを単純に区別することはできないのではないか、ということです。そこで、一九九一年、私は「自主的憲法について」と題して講演しました。

この講演をしてから二五年の間に、私自身および日本と世界の状況がどう変わったかを見るために、それを部分的に引用したいと思います。私がまず例にとったのは、内村鑑三の『余は如何にして基督信徒となりし乎』(英文原題 How I became a Christian)です。内村については、本書でも言及していますが、彼がキリスト教徒となったのは、札幌農学校においてです。札幌農学校は一八七六年、開校にあたって、アメリカのアマースト大学からクラーク博士を教頭として招聘しました。のちに「少年よ、大志を抱け Boys, be ambitious!」という言葉で知られたクラークは、一年間、自然科学を教える傍ら、キリスト教の福音主義を説いたのです。その影響で多くの学生が入信しました。内村が入学したのは、その翌年、クラークが去ったあとです。熱烈なキリスト教徒となった上級生たちは、新入生を強引に勧誘した。多くの者が入信しましたが、それを拒み最後まで抵抗したのが内村です。が、ついに彼も入信した。しかし、何年かのちに、内村に入信を迫った先輩たちはおおかたキリスト教を棄てていました。

一方、内村はその後も、無教会派のキリスト教徒として活動しました。一八九一年には教育勅語への奉拝を拒否して第一高等中学教員を解雇され、また、日露戦争において非戦論を唱えたことが知られています。自発的に入信した者が概ね棄教し、最後まで抵抗した内村が徹底的なキリスト者として生きるようになったのは、なぜでしょうか。私はこう考えました。

　しかし、外発的な強制があったがゆえに、且つそれに対する抵抗があったがゆえに、彼の信仰は、たんなる「自発性」とは違って、確固たるものとなったのです。もしそれが自発的な意志によるならば、先輩たち、あるいはのちに内村のところに来た人たちのように、いつのまにか熱烈な信仰も冷めて去ってしまうことになったでしょう。実際いって、当時はすでに労働問題が深刻化しており、社会主義が現実的な問題として出てきていましたから、キリスト教徒の多くが社会主義に向かったのは、ある意味で当然です。

　そういう時期に、ますます「信仰のみ」に向かう内村は非現実的でしかありません。事実、内村は大正期にはまったく孤立してしまいます。こうした苛烈さは、彼がいう武士道的キリスト教なるものに求めることはできません。一般に、旧幕府系の士族がキリスト教徒になったのですから、それは内村の特異性を説明しません。

　鍵は、彼がキリスト教の入信において「自発性」がなかったということ、「強制」によるということにあります。彼の自発的意志は、その後に働くのです。超越者を信仰するということは、自発的な意志ではありえない。もしそうなら、それは意志に従属するものでしかなく、いつかやめてしまうことになります。あるいは、もっと強力なもの(国家)があれば、それに従うことになるでしょう。内村は、彼に入信を強制した先輩たちがその後どうしたのかについて言及していませんが、たぶんそうなったでしょう。(「自主的憲法について」『〈戦前〉の思考』講談社学術文庫)

このように強制と自発性の問題に触れたあと、私は憲法九条に関して次のように述べました。

憲法九条は、アメリカの占領軍によって強制された。この場合、日本の軍事的復活を抑えるという目的だけでなく、そこにカント以来の理念が入っていたことを否定できません。草案を作った人たち(すべてでないとしても)が自国の憲法にそう書き込みたかったものを、日本の憲法に書き込んだのです。これは日本人に対する強制です。日本人はそのような憲法が発布されるとは夢にも思わなかった。日本人が「自発的」に憲法を作っていたら、九条がないのみならず、多くの点で、明治憲法とあまり変わらないものとなったでしょう。

ソ連を理想化していた社会主義者も、憲法九条のような途轍もないものを考えるわけがありません。それより日本に「赤軍」を作ろうとしたでしょう。

しかし、まさに当時の日本の権力にとって「強制」でしかなかったこの条項は、その後、日本が独立し簡単に変えることができたにもかかわらず、変えられませんでした。それは、大多数の国民の間にあの戦争体験が生きていたからです。しかし、死者たちは語りません。この条項が語るのです。それは死者や生き残った日本人の「意志」を超えています。もしそうでなければ、何度もいうように、こんな条項はとうに廃棄されているはずです。

これは外的強制によるものです。そして、強制した当のアメリカ国家は、まもなく当初の戦略を改めて日本に改憲を要求してきたのですが、日本人はそれに従いませんでした。そのため、当時の政権はあいまいなかたちで自衛隊をつくったわけです。ここで、内村のケースを考えてみて下さい。彼に入信を強制した先輩たちが棄教して、内村のところにあらわれ、あれはまちがっていた、君もやめたほうがいい、そんな非現実的な信仰などやめろ、といいにきたとしたら。

彼らにそんな権利があるでしょうか。彼らは、自分が内村を作ったと思うかも知れないが、内村の信仰は、もはや先輩たちには何の関係もないのです。橋川文三がいう、戦争体験から超越者を日本の思考にもちこむということは、実は、この九条というマテリアルな形態においてこそあるのです。死者たちが語るというなら、そこでのみ語っているのです。この九条は、あとから日本人によって「内発的」に選ばれたものです。「あとから」ということが、大切です。「最初から」であれば、それはとうに放棄されています。私が主体的とか自発的という言葉を信用しないのは、このためです。

それなら、明治憲法はどうであったか。幕末において、まずアメリカの黒船の脅し(強制)によって、徳川幕府は(不平等)条約を結んで開国します。他の人々が気づく前に日本はすでに条約を結んでいたのです。それに対して、尊王攘夷の運動が起こります。しかし、この攘夷運動の人たちは、途中で意見を変え開国派にまわるのです。これはまさに転向です。国粋主義者から見れば許しがたい転向です。さらに、幕府から見ても、それは裏切りです。なぜなら、幕府はたんに開国のポーズで切り抜けるつもりでいたのに、この新たな開国派は本気で開国、西洋化を考えていたからです。

こうして出てきた開国派が明治の権力となったのですが、彼らのどこに「自発性」があったでしょうか。結局、彼らはアメリカ海軍の強制による開国と条約、すでになされていた「去勢」を、「あとから」積極的に受け入れたのですから。(中略)

要するに、明治憲法が自発的で、戦後憲法が自発的でないなどというのはバカげています。明治憲法は、べつに「国民」によって作られたものではありません。憲法もないような野蛮国では、対外的にやっていけない、不平等条約も変えられない、といった外的強制、というより「皮相上滑り」の模倣という動機から作られたのです。しかも、この憲法を作ったのは、元老として権力を維持しようとした連中であって、彼らは議会創設に備え、軍を握るために天皇の統帥権を設定しました。そうした元老がいなくなったのちに、この統帥権条項が一人歩きし、昭和時代における軍部の独断専行の根拠になったのです。(同前)

また、今後、憲法九条をどうするか、という問題に関しては、次のように述べました。

私が考えているのは、憲法九条を日本の「原理」として再確定することであり、政府がそれを対外的にはっきりと表明することです。これは、日本が歴史的にもつ唯一の普遍的な原理です。何度もいうように、それが「強制」によることこそがその普遍性を証明するのです。たんにわれわれの意志が作ったものであるならば、いつでも廃棄されます。この憲法が、「自主的」でないということこそ、重要なのです。もしそれを外来的なものとして斥けるならば、日本人はいずれすべてを失うでしょう。(同前)

以上のように話してから、すでに二五年経っています。実は、私がこの講演を読み直したのは、本書をほぼ書き終えた後です。私は第一章で書いた問題が、すでにそこで論じられているのを見てやや驚きました。しかし、同時に、私は以下の二つの点で、不満をおぼえました。

第一に、ここでは、外的な強制が自発的なものとなる仕組みが十分に説明されていないということです。また、それが憲法九条とどうつながるのかが不明です。内村鑑三の場合、キリスト教入信を強制する上級生たちへの抵抗があった。では、なぜそれが結果的に、彼のキリスト教信仰を強固なものにしたのでしょうか。私は、彼のキリスト教への抵抗は武士道から来るものだと思います。彼は最後にキリスト教を受け入れた。が、それによって武士道が消えたのではない。逆に、内村自身がいうように、彼においてキリスト教が「武士道的キリスト教」となったのです。

一方、憲法九条に関していえば、戦後の日本人は占領軍の押しつけに抵抗したわけではありません。にもかかわらず、占領軍が再軍備を要請したとき、それを拒んだ。九条はいつの間にか「自発的」なものになっていたのです。第一章で、私はそれを、フロイトの「超自我」という概念から説明しました。超自我は、社会的規範が内面化されたようなものとは違って、「死の欲動」、いいかえれば「内部」から来るものです。それは外的な強制とは別です。その意味で、「自発的」なのです。が、通常の意味での自発性とは違って、自らの内からくる強迫的な衝動に根ざすものです。したがって、日本で憲法九条が存続してきたのは、人々が意識的にそれを維持してきたからではなく、意識的な操作ではどうにもならない「無意識」(超自我)があったからです。

すると、これは内村鑑三に関して述べたこととはまるで違うように見えます。しかし、案外つながる点があるということに気づきました。私が第二章で論じたのは、むしろそのことではないか、と思うのです。戦後日本に九条が定着したのは、それが新しいものではなく、むしろ明治以後に抑圧されてきた「徳川の平和」の回帰だったからではないか。だから、こういってもいいのではないか、と思います。内村におけるキリスト教が武士道の高次元での回帰であったように、戦後の憲法九条はいわば「徳川の平和」の高次元での回帰であった、したがって、それは強固なものになったのだ、と。

第二に、読み返して感じたのは、私が九〇年代初期に考えていた状況認識には欠陥があるということです。たとえば、私はそのころ「歴史の反復」について考えていました。そして、資本主義における歴史的文脈は約六〇年の周期で反復される、という仮説をたてていました。だから、九〇年代以降は一九三〇年代を反復することになるだろう、と予測したのです。しかし、一九九五年に、私はこの考えを放棄しました。ただ、「歴史の反復」という考え自体を放棄したのではなく、ただその周期を六〇年からその倍の一二〇年に変更すればよいと考えたのです。それについては、第四章で論じています。

一二〇年周期という観点からふりかえると、一九九一年の湾岸戦争が何を意味していたかも見えてきます。当時は、アメリカの圧倒的優位、自由・民主主義の最終的勝利、したがって、「歴史の終焉」というようなことが語られていました。しかし、もちろんそんなことはまったくの幻影です。湾岸戦争とはむしろ、それらの破綻の最初の徴候でした。そのとき日本で憲法九条の問題が浮上したことも、徴候的です。

第四章で詳述したように、一九九〇年以降に世界資本主義は「帝国主義的」段階に入りました。ここ二五年の間に、それが徐々に進展し深刻化してきました。戦争が切迫していることを、昨今多くの人びとがひしひしと感じているのも当然です。が、それを一九三〇年代になぞらえて、ファシズムの到来をいったりするのは的外れです。つねづね主張していることなのですが、それは、帝国主義時代、すなわち、日本でいえば日清戦争から日露戦争にいたる時期と比べてみるべきです。

現在、世界中で資本主義経済の危機とともに戦争の危機が迫っていることは、まちがいありません。どの国もこの危機的状況において、それぞれに対策を講じています。そして、それが相互に感染し、恐怖、敵対心が増幅されるようになっています。その中で、日本で急激に推進されたのは、米国との軍事同盟(集団的自衛権)を確立するという政策です。それは戦争が切迫した現状の下では、リアリスティックな対応であるように見えます。

しかし、各国の「リアリスティックな」対応のせいで、逆に、思いがけないかたちで、世界戦争に巻き込まれる蓋然性が高いのです。第一次大戦はまさにそのようなものでした。ヨーロッパの地域的な紛争が、軍事同盟の国際的ネットワークによって、極東の日本まで参加するような世界戦争に転化していったのです。しかしまた、その結果として、国際連盟が生まれ、パリ不戦条約が成立しました。日本の憲法九条が後者に負うことはいうまでもありません。

したがって、防衛のための軍事同盟あるいは安全保障は、何ら平和を保障するものではありません。ところが、それがいまだにリアリスティックなやり方だと考えられているのです。そして、日本ではそれを実現するために、何としても「非現実的な」憲法九条を廃棄しなければならないということになります。

この二五年間(それ以前も同じでしたが)、憲法九条を廃棄しようとする動きが止んだことはありません。にもかかわらず、それは実現されなかった。今や保守派の中枢は、なぜ改憲できないのかはわからないままながら、たぶん改憲をあきらめているのでしょう。そのかわりに、安保法案のような法律を作る、あるいは、憲法に緊急事態条項を加えるなどで、九条を形骸化する方法をとろうと画策しています。

ゆえに、護憲派は当面、九条がなくなってしまうのではないかということを恐れる必要はありません。問題はむしろ、護憲派のあいだに、改憲を恐れるあまり、九条の条文さえ保持できればよいと考えているふしがあることです。形の上で九条を護るだけなら、九条があっても何でもできるような体制になってしまいます。護憲派の課題は、今後、九条を文字通り実行することであって、現在の状態を護持することではありません。

ただ、私は憲法九条が日本から消えてしまうことは決してないと思います。たとえ策動によって日本が戦争に突入するようなことになったとしても、そのあげくに憲法九条をとりもどすことになるだけです。高い代償を支払って、ですが。憲法九条は非現実的であるといわれます。だから、リアリスティックに対処する必要があるということがいつも強調される。しかし、最もリアリスティックなやり方は、憲法九条を掲げ、かつ、それを実行しようとすることです。九条を実行することは、おそらく日本人ができる唯一の普遍的かつ「強力」な行為です。

＊

本書は、以下の講演にもとづいて再構成したものである。

Ⅰ　憲法の意識から無意識へ　　韓国延世大学・「平和」国際会議（二〇一五年）

Ⅱ　憲法の先行形態　　　　　　　　　たんぽぽ舎・長池講義合同講演(二〇一五年)
Ⅲ　カントの平和論　　　　　　　日本カント協会創立三十周年記念講演(二〇〇五年)
Ⅳ　歴史的段階としての新自由主義　　　　　　岩波書店百周年記念講演(二〇一四年)

岩波書店の小島潔氏に、憲法九条についての講演草稿を見せたら、これをもとに一冊の本をつくることを提案された。二〇一五年六月ごろである。しかし、私は、これだけでは本にするには短すぎるし、それ以上書くこともなかったので、出版はありえないと思っていた。が、小島さんの言葉が頭に残っていたようで、一〇月に第二章にあたる講演をしたあと、それ以前に行った講演を第三章・第四章として加えることを思いついた。すると、予期した以上に、まとまったかたちに収まった。それを読んだ小島さんは、新書にしてはどうか、と提案された。というわけで、本書は、小島さんの暗示によって、いつのまにかできあがったようなものである。
また、出版に際しては、島村典行氏のお世話になった。両氏に深く感謝する。

二〇一六年四月一日

柄谷行人

柄谷行人
1941年生まれ．思想家．
『定本 柄谷行人文学論集』『定本 柄谷行人集』『力と交換様式』(岩波書店)『哲学の起源』『トランスクリティーク』『定本 日本近代文学の起源』『世界史の構造』『帝国の構造』(岩波現代文庫)『世界共和国へ』『世界史の実験』(岩波新書)『遊動論』(文春新書)『倫理21』(平凡社ライブラリー)ほか著書多数．

憲法の無意識　岩波新書(新赤版)1600

2016年4月20日　第1刷発行
2024年4月5日　第8刷発行

著　者　柄谷行人《からたにこうじん》

発行者　坂本政謙

発行所　株式会社 岩波書店
〒101-8002 東京都千代田区一ツ橋2-5-5
案内 03-5210-4000　営業部 03-5210-4111
https://www.iwanami.co.jp/

新書編集部 03-5210-4054
https://www.iwanami.co.jp/sin/

印刷・三陽社　カバー・半七印刷　製本・中永製本

ISBN 978-4-00-431600-8　Printed in Japan

岩波新書新赤版一〇〇〇点に際して

ひとつの時代が終わったと言われて久しい。だが、その先にいかなる時代を展望するのか、私たちはその輪郭すら描きえていない。二〇世紀から持ち越した課題の多くは、未だ解決の緒を見つけることのできないままであり、二一世紀が新たに招きよせた問題も少なくない。グローバル資本主義の浸透、憎悪の連鎖、暴力の応酬——世界は混沌として深い不安の只中にある。

現代社会においては変化が常態となり、速さと新しさに絶対的な価値が与えられた。消費社会の深化と情報技術の革命は、種々の境界を無くし、人々の生活やコミュニケーションの様式を根底から変容させてきた。ライフスタイルは多様化し、一面では個人の生き方をそれぞれが選びとる時代が始まっている。同時に、新たな格差が生まれ、様々な次元での亀裂や分断が深まっている。社会や歴史に対する意識が揺らぎ、普遍的な理念に対する根本的な懐疑や、現実を変えることへの無力感がひそかに根を張りつつある。そして生きることに誰もが困難を覚える時代が到来している。

しかし、日常生活のそれぞれの場で、自由と民主主義を獲得し実践することを通じて、私たち自身がそうした閉塞を乗り超え、希望の時代の幕開けを告げてゆくことは不可能ではあるまい。そのために、いま求められていること——それは、個と個の間で開かれた対話を積み重ねながら、人間らしく生きることの条件について一人ひとりが粘り強く思考することではないか。その営みの糧となるものが、教養に外ならないと私たちは考える。歴史とは何か、よく生きるとはいかなることか、世界そして人間はどこへ向かうべきなのか——こうした根源的な問いとの格闘が、文化と知の厚みを作り出し、個人と社会を支える基盤としての教養となった。まさにそのような教養への道案内こそ、岩波新書が創刊以来、追求してきたことである。

岩波新書は、日中戦争下の一九三八年一一月に赤版として創刊された。創刊の辞は、道義の精神に則らない日本の行動を憂慮し、批判的精神と良心的行動の欠如を戒めつつ、現代人の現代的教養を刊行の目的とする、と謳っている。以後、青版、黄版、新赤版と装いを改めながら、合計二五〇〇点余りを世に問うてきた。そして、いままた新赤版が一〇〇〇点を迎えたのを機に、人間の理性と良心への信頼を再確認し、それに裏打ちされた文化を培っていく決意を込めて、新しい装丁のもとに再出発したいと思う。一冊一冊から吹き出す新風が一人でも多くの読者の許に届くこと、そして希望ある時代への想像力を豊かにかき立てることを切に願う。

（二〇〇六年四月）